*J. A. Wallers*

# Reise in Westindien

weitsuechtig

*J. A. Wallers*

**Reise in Westindien**

*ISBN/EAN: 9783956560897*

*Auflage: 1*

*Erscheinungsjahr: 2013*

*Erscheinungsort: Bremen, Deutschland*

*@ weitsuechtig in Access Verlag GmbH. Alle Rechte beim Verlag und bei den jeweiligen Lizenzgebern.*

weitsuechtig

Y. A. Walkers

# Reise
## in Westindien.

Aus dem Englischen.

(Aus dem Ethnographischen Archiv besonders abgedruckt.)

Jena,
in der Bran'schen Buchhandlung.
1820.

J. A. Wallers

# Reise in Westindien.

Aus dem Englischen.

Der Verfasser machte diese Reise,\*) deren Beschreibung er laut seines Vorworts ursprünglich nicht für das große Publicum bestimmte, als Wundarzt in der königlichen Marine, und es ist keine Anmaßung, wenn er auch ohne scientifische naturhistorische Details, die außer seinem Zwecke liegen, durch lebendige Darstellung der in seinen näheren Bereich gekommenen Gegenstände Interesse zu erregen hofft.

### Fahrt nach Barbados. — Aufenthalt daselbst.

Nach einer sechswöchigen Fahrt über das Atlantische Meer verkündigte uns am 14. April 1807 ein Signal des Commodore, daß sich vor uns Land zeige; zugleich ward vom Mastkorbe unseres Schiffes die Insel Barbados entdeckt, aber in so großer Ferne, daß sie nur, während die letzten Strahlen der Sonne den westlichen Horizont erleuchteten, gesehen werden konnte. Zu einer andern Tageszeit oder in jeder andern Richtung würde sie uns unsichtbar gewesen seyn. Man glaubt allgemein, daß

---
\*) London, 1810.

diese Insel wegen ihrer geringen Erhöhung nur zwanzig bis fünfundzwanzig Meilen weit gesehen werden kann; aber dieß ist ein Irrthum; da die Entfernung, die wir nach der ersten Wahrnehmung des Landes noch zurückzulegen hatten, wenigstens funfzig bis sechzig Meilen betrug. Der Commodore gab der Convoi das Zeichen, während der Nacht beizulegen, um sich zusammenzuziehen, und beim Einlaufen in Carlisle-Bai den Vortheil des Tageslichts zu haben. Das Gefühl, erregt durch den Anblick des Landes nach Zurücklegung einer großen Meeresstrecke, ist zu jeder Zeit angenehm; wenn aber das Land das Ziel der Reise und das Ende aller Gefahren und Besorgnisse ist, so können nur diejenigen, die sich selbst in einer ähnlichen Lage befänden, sich einen Begriff von den Empfindungen des Ankommenden machen. Hundert Kauffahrteischiffe, nahend dem ersehnten Hafen, unter dem Schutz einer Fregatte, mußten nothwendig ebenfalls einen anziehenden Anblick gewähren.

Das Andenken des Anführers, der einst Spaniens Seeleute über unbekannte Meere führte, um eine neue Welt aufzusuchen, ward natürlich beim ersten Anblicke des Landes rege, und unwillkührlich vergegenwärtigte sich dem Gemüthe der Contrast der Schwierigkeiten und Besorgnisse der ersten Entdecker mit der Leichtigkeit und Schnelligkeit, welche der Handel neuerer Zeiten diesen Seereisen verliehen hat. Allein die Freude über die Vollendung einer langweiligen Reise ward gemindert durch den Gedanken, daß ein großer Theil derer, die jetzt das sich ihnen darbietende Schauspiel mit großen Erwartungen betrachteten, vielleicht das ihrer harrende Grab, — das vorzeitige Ende ihrer irdischen Laufbahn vor Augen hatten.

Auf unsrer Convoi befand sich eine beträchtliche Verstärkung für die im Lande liegenden Regimenter und eine Anzahl junger Männer, bestimmt, in bürgerlichen, öffentlichen oder Privatdiensten angestellt zu werden. Ihre sanguinischen Hoffnungen auf Glück und Beförderung mußten nothwendig mit Furcht untermischt seyn, so wie sie jenen Küsten nahten, berüchtigt wegen ihrer verpesteten Atmosphäre. Diese gemischten Empfindungen mußten trotz aller Philosophie und Herzhaftigkeit sich zu den Gemüthern aller Ankömmlinge einen Weg bahnen. Doch war ich zu meinem Bedauern oft Zeuge, daß die jüngeren Officiers dieser Station mit Großpralerei über die im Lande herrschende Sterblichkeit scherzten und ruchlose Trinksprüche ausbrachten.

Morgens am 15. bei Tagesanbruch nahm die ganze Flotte mit vollen Segeln ihre Richtung gegen die Insel. Mehrere Schiffe waren in der Nacht den erhaltnen Befehlen zuwider vorausgesegelt, um zuerst das Land zu erreichen, und beinahe hätte eines derselben diesen Ungehorsam mit dem Untergange an den Felsklippen nur zu theuer gebüßt. Das Land gewährt in einiger Entfernung eben keinen anziehenden Anblick und bietet dem Auge nichts als eine braune Oberfläche dar, die sich jedoch in der Nähe lieblicher zeigt. Die Windmühlen und Pflanzungen auf den Anhöhen sind die ersten hervorragenden Gegenstände und ziehen, sobald man sie mit bloßem Auge unterscheiden kann, durch Neuheit des Anblicks die ungetheilte Aufmerksamkeit auf sich. Der Boden erhebt sich in regelmäßigen, aber seltsam geformten Hügelketten, von der Seeküste bis in die Mitte der Insel, darbietend eine Folgereihe rauher, steiler Anhöhen, etwa hundert Fuß hoch; dann zeigt sich eine Ebne ungefähr eine halbe Meile im Umfange, am Fuße eines andern steilen Felsens, und auf diese Weise erhebt sich allmählig in wechselnder Abstufung das Land bis zum höchsten Puncte der Insel. Jene Ebenen sind durchgängig in einem Zustande hoher Cultur und contrastiren angenehm mit den steilen, schwarzen Feldabhängen. Von Zeit zu Zeit wird die Aussicht vermannigfaltigt durch kühne Vorgebirge, überhängend über tiefe Schluchten, bedeckt mit dichtem, dunkelm Laube. Aus mehreren, höchst romantischen Gesichtspuncten sieht man die geräumigen, wohlgebauten Häuser der Pflanzer, beschattet von hohen Kohlpalmen, und umringt von Negerhütten und Zuckerfabriken.

Um in die Bai von Carlisle einzusegeln, muß man den südlichsten Punct der Insel umfahren und sich etwas westlich halten. Dann gewähren die Casernen, so wie die Militair- und Marine-Hospitäler ꝛc. von der See aus einen herrlichen Anblick. Nach der Umseglung des südlichsten Puncts öffnet sich plötzlich die schöne Bai, ganz geeignet, den Fremden nach einer langen Seereise durch ihren Anblick in Erstaunen zu setzen und zu entzücken.

Im Hintergrunde der Bai liegt die Stadt Bridgetown, die sich in einer zusammenhängenden Häuserreihe faſt rund umher erſtreckt, durch die Cocusbäume am Strande aber ſo ſehr verſteckt iſt, daß man nur ihre höchſten Gebäude ſieht. Hinter der Stadt erhebt ſich amphitheatraliſch das Land, geſchmückt mit hin und wieder zerſtreuten, ſchön gebauten Landhäuſern und darbietend manche ſeltne maleriſche Naturſcenen.

Die Bai war eben gedrängt voll von Schiffen, da außer unſrer Convoi noch eine andere eben zur Abfahrt nach England bereit lag. Da dieſe Inſel allen übrigen windwärts liegt, ſo treffen alle Convois, ſelbſt die nach Jamaica beſtimmten, zuerſt hier ein, ſo daß der Zuſammenfluß von Schiffen und Fremden ſehr bedeutend iſt, zumal in Kriegszeiten, ſo wie es gleichfalls das Hauptquartier und der allgemeine Verſammlungspunct der Land- und Seetruppen iſt. Kaum fand man Raum genug für die ankernden Schiffe, und ein etwa eingetretner Windſtoß würde großen Schaden angerichtet haben. Die Waſſertiefe iſt ſehr groß, der Ankergrund aber nicht ſonderlich; viele Schiffe lagen dreißig, und die meiſten wenigſtens ſechzehn Faden tief im Waſſer. Das Waſſer iſt gemeiniglich ſo klar und durchſichtig, daß man ohne Mühe den Felsgrund und die Anker der Schiffe ſehen kann.

Anziehender und belebter, wenn gleich minder angenehm den Sinnen, war das ſich uns darbietende Regen und Treiben; die Bai war mit Böten bedeckt, welche die Kaufleute aus der Stadt, gerudert von ihren Sclaven, hin und her führten; dort ſah man die Officiere der Kriegsſchiffe beſchäftigt, Matroſen zu preſſen; beides Antlicke, widerstrebend dem Gefühl eines Engländers. Denn auch eine Anzahl kürzlich eingetroffener Sclavenschiffe lag in unsrer Nähe, deren Eigenthümer die letzten Wochen ihres bald aufhörenden Handels möglichst vortheilhaft zu benutzen strebten. Die unglücklichen Sclaven wurden hundertweise in großen Barken ans Land gebracht, um zum Kauf ausgestellt zu werden. Beide Ufer der Bai waren mit farbigen, fast nackenden Menschen bedeckt, die ihre verschiedenen Beschäftigungen trieben, denn die Ankunft der Flotte schien das Signal einer allgemeinen, geräuschvollen Geschäftsthätigkeit gewesen zu seyn.

Um 4 Uhr Nachmittags verließ ich das Schiff, um ans Ufer zu gehen. Der Landungsplatz ist an einem geräumigen Quai, angelegt an den Ufern eines kleinen Hafens, nicht mehr als zwanzig Yards breit, und nur geeignet zur Aufnahme kleiner Fahrzeuge. Der Quai war gedrängt voll von Einheimischen und Fremden, die eine Scene ungewöhnlicher Regsamkeit und Gewerbsthätigkeit darboten. Die Gebäude am Quai haben so wie die ganze Stadt, in den Augen des Europäers ein schlechtes Ansehen. Hier giebt es keine die Neugier reizende Gegenstände, ausgenommen das Characteristische der lebenden Wesen, welche die Straßen füllen; und viele derselben erregen nur Ekel und Widerwillen. Hunderte von nackenden Negern beider Geschlechter, äußerst schmutzig vom Staube und übermäßiger Ausdünstung, sieht man in allen Richtungen; die Männer bloß mit einem Stücke groben Tuchs um die Hüften (oft nicht einmal hinreichend zu dem beabsichtigten Zweck), und die Weiber ohne alle Bedeckung, außer einem kurzen Röckchen. Die letzteren haben in vorgerückten Jahren eine noch weit empörendere Wirkung auf die Sinne, insbesondere wenn ihre natürliche Ungestalt durch die ekelhaften Spuren der unter ihnen gewöhnlichen Hautkrankheit vermehrt wird. Die Füße dieser Menschen tragen durchgängig die Spuren einer Krankheit, verursacht durch eine Art kleiner Insecten, chiggres genannt, die ihre Eier in die Haut legen. Hier sieht man alle Abschattungen der Farben, von der glänzend schwarzen des Africaners bis zu der hellgelben der jungen Mestizin; aber so wie ihre Farbe sich verschönert, gewinnen sie, insbesondere die Weiber, an äußerem Ansehen; und viele der letzteren sieht man, kostbar nach Europäischer Mode gekleidet, von ihren Sclaven begleitet, würdevoll in den Straßen umherstolziren. Die weißen Eingebornen der Insel ziehen auf gleiche Weise die Aufmerksamkeit des Fremden auf sich. Sie sind durchgängig lang gewachsen, mager und von blaßgelber Gesichtsfarbe, in Vergleich mit den rothbäckigen, untersätzigen Bewohnern Europens. Sie tragen mehrentheils große weiße Hüte, nicht unähnlich einem Sonnenschirme, und halten sich reinlich, sowohl an ihrem Körper, als in ihrem Anzuge. Im Durchwandern der Straßen wird das Ohr allenthalben betäubt durch die mißtönenden Stimmen und die kauderwelsche Sprache der Neger, vorzüglich derer, welche den Zucker in Oxhöften auf Wagen vom Lande hereinfahren. Diese Wagen werden von 6, 12, oder 14 halb verhungerten Ochsen gezogen, deren Treiber unaufhörlich miteinander im Zank liegen und die Vorübergehenden mit ihrem Geschrei und dem Geklatsche ihrer Peitschen betäuben. Dieß sind die Gegenstände, die bei der ersten Landung auf Barbados die Aufmerksamkeit hauptsächlich auf sich ziehen. Die Stadt Bridgetown ist, wie gesagt, durchgängig schlecht gebaut, hat krumme, ungepflasterte Straßen und viele hölzerne Häuser. Die Häuser haben meistens kleine, aus dem ersten Stock hervorspringende Gallerien oder Balcons, die für die Einwohner sehr bequem und zuträglich, übrigens so plump gebaut und so geschmacklos angemalt sind, daß sie zur Verschönerung der Straßen nichts beitragen. Nachdem ich die Hauptstraßen von Bridgetown durchwandert hatte, führte man mich zum Marinehospital, wo mir meine Wohnung angewiesen war. Das seit vielen Jahren zu diesem Zwecke eingerichtete Gebäude war niedrig, schlecht gebaut und klein, und faßte kaum funfzig Betten; überdieß lag es in einer engen Straße und hatte selbst für ein Privathaus nicht Luftzug genug. Es traf sich, daß alle Betten eben besetzt waren; und obgleich das gelbe Fieber damals am Bord des Dart, des Wachtschiffs in der Bai, herrschte, so konnten doch die Kranken nur nach Maßgabe der Räumung eines Krankenbetts durch den Tod eines der Patienten, im Hospital aufgenommen werden. Man war jedoch beschäftigt, etwa zwei Meilen von der Stadt ein anderes Gebäude zu errichten, bestimmt, dieß unbequeme und unzuträgliche Krankenhaus zu ersetzen.

Nachdem ich alles, mir irgend sehenswürdig Scheinende in der Stadt in Augenschein genommen hatte, kehrte ich an Bord zurück, um dort die Nacht zuzubringen und den Verfolgungen der Mosquitos zu entgehen, deren heftige Stiche bereits auf meinen Händen und Füßen einige

Spuren zurückgelassen hatten. Auch sehnte ich mich nach dem Genusse der in der Bai wehenden Kühlung, die mich nach der Hitze der Stadt um so lieblicher anwehte. Vor unsrer Landung hatte uns die Hitze nur wenig angegriffen; allein in den Straßen von Bridgetown prallten die Sonnenstrahlen von den weißen Felsen, wovon die Stadt gebaut ist, mit solcher Kraft zurück, daß uns die durch die erborgten Sonnenstrahlen verstärkte Hitze beinahe erdrückte. Seit mehreren Wochen hatten wir uns in der Breite von Barbados befunden, ohne uns durch die Hitze belästigt zu fühlen; auf der Insel hingegen fanden wir sie bis Sonnenuntergang unerträglich. Der nächste Morgen bot bei Tagesanbruch eine der bezaubernsten Aussichten dar, deren mein Auge je genoß. Um diese Stunde zeigen sich die Westindischen Inseln in aller ihrer Pracht, und gleichen einem Paradiese. Die Luft ist dann kühl und erfrischend; die aufgehende Sonne scheint die ganze Natur zu erfreuen und rund umher neues Leben und neue Kraft zu verbreiten. Dieser erste Westindische Morgen setzte mich durch seine Lieblichkeit in das größte Entzücken und Erstaunen; — ein Gefühl, welches sich selbst nach einem vierjährigen Aufenthalte nicht verringerte. Zwischen 9 und 10 Uhr Morgens nimmt die Hitze dergestalt zu, daß der Ankömmling sie kaum zu ertragen vermag und hält bis eine Stunde vor Sonnenuntergang an; dann aber wird die Temperatur aufs Neue sehr lieblich.

Am Tage nach unserer Ankunft segelte die heimwärts bestimmte Convoi ab, und mit ihr diejenigen unserer Reisegefährten, die nach den umliegenden Inseln bestimmt waeen; die nach Jamaica reisenden segelten erst am dritten Tage ab. Während ihres Aufenthalts auf Barbados war der Quai und die ganze Stadt gedrängt voll, so daß beinahe Verwirrung daraus entstand und das Ganze ein angenehmes Bild der commerciellen Wichtigkeit dieser Insel darbot. Jetzt hatte ich Gelegenheit, die Stadt genauer in Augenschein zu nehmen, von deren Innerem ich ein möglichst treues Bild zu entwerfen versuchen will; denn die ersten Eindrücke waren sehr verschieden von denen, welche die nämlichen Gegenstände auf mich machten, als das Auge vertrauter mit ihnen geworden war. In allen Hauptstraßen fand ich eine Anzahl von Läden, gefüllt mit Europäischen Waarenartikeln aller Art; aber diese ergötzen nicht wie in Europa das Auge durch schöne Anordnung; sie sind nicht in großen, schön decorirten Fenstern ausgelegt, sondern bleiben größtentheils in den Ballen, worin sie angekommen sind, im Innern des Ladens. Jenseits des Atlantischen Meeres ist es Sitte, alle Arten von Läden ein „Magazin" zu nennen, und diese Sitte ist sowohl in den Vereinigten Staaten als in unsern Westindischen Inseln allgemein geworden.

Das Erdgeschoß aller Häuser in Bridgetown ist ganz abgesondert zu Handelszwecken, und man hat sich auf keine Weise bemüht, das Aeußere dieses Theils der Häuser zu verzieren; so daß ihre plumpen hölzernen Fensterläden ihnen ein schlechtes Ansehen geben, welches einen sehr unangenehmen Eindruck auf das Auge eines Engländers macht, der gewöhnt ist, diesen Theil der Häuser als eine große Zierde der glänzendsten Straßen, sowohl in der Haupt-

Stadt, als in den vorzüglichsten Provinzialstädten zu betrachten. Im Innern sind jedoch diese Magazine wohl versehen mit den meisten Artikeln des Luxus und der Bequemlichkeit, die das Mutterland hervorbringt, und die mit einem so mäßigen Gewinne verkauft werden, als man in Betracht der Ferne, aus welcher sie hergebracht werden und der in Kriegszeiten erhöhten Fracht nur immer erwarten kann.

Zwar bieten die Privathäuser wenig Gegenstände dar, die den Geschmack eines Fremden befriedigen können, allein einige öffentliche Gebäude machen der Colonie Ehre. Die St. Michaelskirche ist ein geräumiges, elegantes Gebäude; ihr Inneres gewährt durch eine Pracht, die man hier kaum erwarten sollte, einen überraschenden Anblick. Außerdem sind das Gerichtshaus, das Gefangenhaus, die Freimaurerhalle und das Gouvernementshaus, welches letztere etwas außerhalb der Stadt liegt, die beträchtlichsten Gebäude. Sie sind sämmtlich groß und gut gebaut, enthalten aber keine im Einzelnen bemerkenswerthe Gegenstände. Es giebt in der Stadt viele Gasthöfe, sämmtlich von Mulattinnen gehalten, die sowohl an Häusern als an Sclaven bedeutendes Eigenthum besitzen. Auch kann es ihnen fast nicht fehlen, großes Vermögen zu sammeln, da ihre Gasthöfe durchgängig mit Fremden angefüllt sind, die sich sowohl für Speise und Trank, als für Wohnung und Wäsche die übertriebensten Preise gefallen lassen müssen. Außerdem dienen diese Gasthöfe gewissermaßen zu Bordellen, indem dort jederzeit eine Anzahl farbiger junger Frauenzimmer zur Hand ist, sich Preis zu geben; doch ich werde Gelegenheit haben, diesen Gegenstand ausführlicher zu erwähnen, wenn ich weiter unten den Zustand der Moralität der Einwohner überhaupt abhandle. Der Leser kann sich einen Begriff von der Kostspieligkeit des Aufenthaltes in diesen Gasthöfen machen, wenn ich bemerke, daß 7 Piaster täglich für eine sehr mäßige Verzehrung gehalten werden, und nur Wenige können ihre Bedürfnisse mit einer geringeren Summe bestreiten. Privatwohnungen sind oft schwer zu haben, allein die reicheren Kaufleute und anderen Einwohner sind so gastfrei, daß angesehene, und vorzüglich vornehme Reisende selten lange in einem Gasthofe zu verweilen brauchen. Ihre Häuser, Bediente und Pferde bieten sie den Fremden mit einer Dienstfertigkeit an, die ihnen allgemeine Achtung und Bewunderung erwirbt. Diese Gastfreiheit ist jedoch zu sehr beschränkt auf Personen, die deren am wenigsten bedürfen, nämlich auf Reiche, Vornehme oder solche Fremde, die zu wichtigen Stellen in jener Weltgegend bestimmt sind. Aber ohne Zweifel liegt der wesentliche Antrieb zu dieser Tugend im Character der Einwohner und die Unmöglichkeit, ihre wohlthätigen Wirkungen auf die ungemeine Anzahl von Fremden auszudehnen, welche die Colonie besuchen, muß ihre Wirkungen jederzeit sehr beschränken.

Sobald ich meine Berufsgeschäfte begann, sah ich mich nach einer Privatwohnung um, die ich glücklicherweise sogleich fand. Da die Preise der Lebensmittel aller Art hier sehr hoch sind, stehen natürlich Kostgeld und Miethe damit in Verhältniß; doch hatte ich das Glück, in einer sehr regelmäßig lebenden Familie für Kost und Wohnung einen Preis zu bedingen, der als sehr mäßig betrachtet werden muß, nämlich jährlich 100 Pf. in Papiergeld oder 90 Pf. St. Englischer Währung. Dafür wird mir Frühstück, Mittags- und Abendessen, aber kein Wein geliefert, der hier fast zu den Lebensbedürfnissen gerechnet werden kann. Bei meiner Anwesenheit kostete die Flasche einen Piaster. Es wird hier nicht am unrechten Orte seyn, über den laufenden Münzwerth des Landes einige Nachrichten mitzutheilen. Hundert Pf. St. in baarem Gelde gelten auf Barbados 133 Pf. 6 Schilling 8 Pence, und wenn man eine Summe Geldes laufender Währung auf Englische Pfunde reduciren will, muß man ein Drittheil abziehen; nach der nämlichen Regel muß man, um den laufenden Werth einer in Englischen Pfunden angegebnen Summe zu vergewissern, ein Drittheil der Summe hinzurechnen. Die currentesten Münzen sind hier Spanisches Silbergeld und Portugiesisches Gold. Doch nimmt man auch die Münzen jedes andern Landes, insbesondere Gold, welches nach dem Gewichte gerechnet wird; so, daß jede Münzsorte gewöhnlich in Rollen gewickelt und das Gewicht und der laufende Werth auf der Außenseite bemerkt wird. Diese Rollen gehen häufig ohne weitere Untersuchung von Hand zu Hand, und ungeachtet diese Methode den Betrug sehr zu begünstigen scheint, so hörte ich nie Jemanden darüber klagen.

Spanische Piaster sind das Hauptcirculationsmittel in jenem Lande, worin gewöhnlich die Zahlungen geschehen. Ihr laufender Werth ist 6 Schilling 3 Pence (Westindische Währung). Die Unterabtheilungen der Piaster werden Bits genannt, von denen in Barbados 16, auf einigen andern Westindischen Inseln 12 auf einen Piaster gehen. Falsche Münzen sind hier äußerst selten; ich selbst sah dergleichen nie. Doch sind sie zu Zeiten eingeführt worden. Es muß, dünkt mich, sehr schwer und gefahrvoll seyn, auch die kleinste Quantität falscher Münze in eine kleine Insel einzuführen, wo die Mittel zur Entdeckung so leicht und so schnell zur Hand sind. Außer den Spanischen Piastern sind unter andern Americanische Dollars und alte Französische Kronthaler in Umlauf, die etwas höher im Werth stehen, als Spanische Piaster. Brittische Münzsorten sind äußerst selten; die Portugiesischen Goldmünzen werden gewöhnlich Joes genannt (zusammengezogen von Johannes, dem Namen des Königs von Portugall, mit dessen Brustbilde die meisten dieser Münzen ausgeprägt sind). Der Werth dieser Münze ist so verschieden, daß man keinen bestimmten Maßstab dafür angeben kann, da er vom Gewicht abhängt; der Name Joes hat jedoch eine bestimmte Bedeutung, und wenn er als Waarenpreis angegeben wird, bedeutet er 7 Piaster, 4 Bits. Wenn die Rede von großen Summen ist, werden sie häufig von den Einwohnern nach Joes, und nicht nach Piastern berechnet, welches den Fremden oft nicht wenig in Verlegenheit setzt, auch für die Einwohner nichts weniger als bequem ist. Auch Spanische Dublonen nebst derén Unterabtheilungen sieht man hier häufig, aber bei weitem nicht in solcher Fülle, als Portugiesische Münzen. Die Dublone, eine sehr schöne Münze, gilt 16 Piaster, und ist regelmäßig in halbe,

Viertel, Achtel und Sechzehntel, — sämmtlich Geldmünzen, — abgetheilt.

Diese Angaben werden zur Nachricht für Reisende hinreichen, und ich bemerke nur noch, daß sie bloß auf Barbados anwendbar sind, indem der laufende Geldwerth auf den übrigen Inseln anders geregelt ist; namentlich galt auf den meisten von mir besuchten Westindischen Inseln der Piaster 9 Schilling Sterl.

Ich komme jetzt auf die Lebensweise der Einwohner. Die Lebensmittel jeder Art sind nicht nur sehr theuer, sondern meistens sehr schlecht. Es giebt keine erträgliche Fleischgattung, als Hammelfleisch, und auch dieß muß dem Europäischen Hammelfleische weit nachstehen; oft ist das Ziegenfleisch weit besser, als das Hammelfleisch, und das von jungen Ziegen ist das schmackhafteste, welches im Lande zu haben ist. Der Verbrauch an Geflügel ist beträchtlich; vorzüglich wegen des Mangels an Mannichfaltigkeit und Güte der übrigen Fleischgattungen. Die Hühner sind durchgängig sehr mager, Truthähne hingegen ziemlich gut, und kosten 8 bis 9 Piaster das Stück. Auch giebt es viele Guineasche Hühner, die eine treffliche Speise sind. Fische aller Art sind in Fülle und ziemlich wohlfeil zu haben. Schildkröten, die allemal aus andern Colonieen eingeführt werden, sind selten und theuer. Die zum Mittagsessen bestimmten Thiere aller Art werden erst am Morgen des nämlichen Tages geschlachtet, weil das Clima eine längere Aufbewahrung des Fleisches nicht gestattet, und das Brot ist sehr mittelmäßig, da das aus America eingeführte Mehl gemeiniglich durch das Clima oder durch Insecten mehr aber weniger verdorben ist. Da es keine Hefen im Lande giebt, so läßt man es mit Sauerteig und zuweilen mit einer Zubereitung von Zucker gähren; in beiden Fällen hält es sich nur 24 Stunden. Madeira ist der gewöhnliche Wein für Alle, die ihn bezahlen können. Obgleich noch mancherlei andere Weine zu haben sind, die dem Clima angemessener scheinen, so ist doch in allen Englischen Colonieen Madeira das gewöhnliche Getränk, und auch auf Barbados ist der Gebrauch desselben ungemein groß.

Das Frühstück besteht hier gewöhnlich aus Fischen und Geflügel nebst Chocolade, Thee oder Caffee. Dabei genießt man anstatt des Brodes vorzugsweise geröstete Yams oder Pisangs mit Butter, insbesondere die erstern. Dieß sind große Wurzeln, sehr ähnlich den Zaunrüben (vitis alba); das Innere ist weiß und mehlig; es giebt mehrere Gattungen; doch werden die weißen Yams von Barbados bei weitem für die besten gehalten. Man röstet sie in glühender Holzasche, nimmt dann das Innere heraus, und nachdem man ein Stückchen Butter hinzugethan hat, steckt man es wieder hinein, legt das Ganze wieder aufs Feuer, bis die Butter die ganze Masse durchdrungen hat und bringt es in diesem Zustande auf die Tafel. Die Pisangs, an Gestalt nicht unähnlich einer Gurke, werden gleichfalls geröstet, und mit Butter getränkt als ein Ersatzmittel des Brodes genossen, kommen aber den Yams bei weitem nicht gleich, da das Mark derselben nicht mehlig ist, folglich nicht von der Butter durchdrungen wird und den Magen beschwert. Außer den Yams und Pisangs werden auch die aus England eingeführten Kartoffeln häusig zum Frühstück genossen. Sie werden erst gekocht, dann geröstet und mit Butter genossen. Dieß nahrhafte Frühstück nimmt man gemeiniglich um 8 Uhr Morgens ein; um 3 Uhr Nachmittags wird von allen Volksclassen das Mittagsessen eingenommen. Dieß ist die heißeste Tageszeit und keinesweges zweckmäßig gewählt zum Genusse einer warmen, meistens stark gewürzten und mit einer Fülle kräftigen Madeiras hinuntergespülten Mahlzeit. Ein Nachtisch, bestehend aus Früchten, wobei gleichfalls Wein getrunken wird, nimmt die Zeit bis gegen 6 Uhr hin. Dieß ist, ausgenommen Morgens in aller Frühe, die einzige Tageszeit, wo man mit einigem Vergnügen spazieren fahren oder reiten kann; sie wird daher gemeiniglich diesem Vergnügen gewidmet.

So wenige Annehmlichkeiten die Stadt Bridgetown darbietet, so lieblich sind ihre Umgebungen. Jedem, der nie zwischen den Wendekreisen war, sind die dortigen Naturscenen so neu; daß sie beim ersten Anblick eine wahrhaft zauberische Wirkung auf ihn hervorbringen. Die zahlreichen Alleen von Cocusbäumen, die Hecken von Cactus mit langen Reihen hoher Kohlpalmen gewähren den anziehendsten Anblick und geben der Landschaft ein ganz eigenthümliches Gepräge; einige Landwohnungen in der Nähe der Stadt haben, wie oben schon bemerkt ist, eine äußerst romantische Lage. Die Gebäude sind meistens von Holz, aber äußerst geschmackvoll und elegant gebaut. Sie sind gewöhnlich mit 6 bis 10 Fuß breiten grün gemalten Gallerien umgeben und mit Jalousien versehen, die hier die Stelle der Fenster vertreten und in der That weit bequener sind. Auch sind sie dem Clima angemessener, da sie sich gleich Venetianischen Blenden öffnen und schließen lassen, so daß sie zugleich dem Lichte und der Luft den Zugang verstatten, ohne die Hausbewohner der Beobachtung der Vorübergehenden auszusetzen. Bemerkenswerth sind die Dächer, die mit schieferfarbig bemalten Schindeln bedeckt sind und sich nicht nur über das Gebäude, sondern auch über die Gallerieen ausdehnen. Man kann daher die Häuser als Pavillons ansehen, die, da sie meistens auf einsamen Plätzen liegen und durch Cocus-, Orangen- und andere Fruchtbäume lieblich beschattet sind, eine angenehme, imposante Ansicht gewähren.

Zur malerischen Lage dieser Landhäuser trägt die schöne Unebenheit des Bodens Vieles bei. Was man von Jamaica gesagt hat, scheint auf alle Westindische Inseln anwendbar zu seyn. Als man nämlich einen Reisenden aufforderte, von der physischen Außenseite jener Insel eine Beschreibung zu machen, nahm er ein Blatt Papier, drückte es kugelförmig zusammen, dehnte es dann aus, und warf es nachlässig auf den Tisch. Aehnlich der dadurch hervorgebrachten durchbrochenen Fläche ist die Gestaltung des Bodens in allen Westindischen Inseln. Sie bietet eine Mischung von großen und kleinen Felsmassen dar, bedeckt mit einer üppigen Vegetation, aus deren grüner Bekleidung hin und wieder ein schwarzer Urfelsen hervorragt. Die Umrisse sind kühn und majestätisch, darbietend bald senkrechte Klippen, bald furchtbare, überhängende Felsmassen, die nicht selten unterwärts tief ausgehöhlt sind.

Finden wir gleich auf dieser Insel nicht jene, auf andern uns in Erstaune setzenden Gebirgsmassen, so enthält sie dennoch, wiewohl im geringeren Grade, alle Naturschönheiten gebirgigter Länder, insbesondere an ihrer östlichen und nördlichen Seite. Von ihren dunkeln, tiefen Schluchten, deren senkrechte Abhänge mit Holz bedeckt sind, von ihren isolirten Gipfeln, ihren hohen, steilen Felswänden und ihren kühn hervorspringenden Vorgebirgen läßt sich zwar nicht sagen, daß sie ihre Häupter in den Wolken verbergen; allein dennoch sind sie hoch genug, um die Seele mit jenen schaudervollen, mit Enthusiasmus gemischten Gefühlen zu erfüllen, welche die Betrachtung prachtvoller Naturscenen jederzeit erregen muß.

Der beträchtlichste Höhepunct auf der Insel, den ich nie nach genauen Messungen angeben hörte, mag, verglichen mit andern bekannten Höhen, etwa 1000 Fuß betragen. Der äußerste südliche Punct, wo die Hauptstadt von Barbados liegt, enthält keine Höhen, die mehr als 2 bis 300 Fuß betragen; aber der Grund und Boden erhebt sich terrassenweise in Platteformen, zusammenhängend durch äußerst steile und mitunter ganz unzugängliche Aufgänge. Je weiter man ins Innere vordringt, um desto neuer und unregelmäßiger wird die Gestaltung des Landes, bis man zum Mittelpunct gelangt, wo das Auge durch einen solchen Wechsel von Naturscenen entzückt wird, der vielleicht keinem andern weicht.

Bevor ich die Beschreibung dieses bezaubernden Erdflecks beginne, werde ich zuvörderst einige Notizen über die Gegenstände aus dem Pflanzen- und Thierreiche mittheilen, die vorzugsweise die Wißbegierde des Fremden auf sich ziehen. Die Gestalt der Cocusbäume ist ohne Zweifel den meisten Lesern bekannt; doch habe ich einige Nebenbemerkungen hinzuzufügen, die vielleicht minder bekannt seyn könnten. Der Cocusbaum ist nicht nur ausgezeichnet durch Schönheit und lieblichen Schatten, sondern auch durch den großen Gewinn, den er seinem Besitzer abwirft; denn bevor er noch halb ausgewachsen ist, beginnt er schon, das ganze Jahr hindurch Früchte zu tragen, und auf Barbados stehen die Cocusnüsse jederzeit in einem sehr guten Marktpreise. Sie werden hauptsächlich wegen der in ihrem Innern vor der Vollendung der Nuß enthaltenen Feuchtigkeit geschätzt, die alsdann in größter Fülle vorhanden ist und den lieblichsten Geschmack hat. In tropischen Ländern ist dem durstigen Wanderer nichts erquickender als dieses heilsame Getränk, welches die Einwohner häufig mit etwas Brantwein und Zucker mischen. Wenn die Nuß vollständig ausgebildet ist, hat der Saft einen minder angenehmen Geschmack, auch wird er in diesem Zustande niemals getrunken. Die Bäume werden gewöhnlich in Alleen gepflanzt, so daß sie den erquickendsten Schatten gewähren. In der Nähe der Stadt wird die Aussicht durch eine große Anzahl dieser Alleen verschönert, deren viele mehr als eine Meile lang sind.

Auf meinen Spaziergängen belustigte mich die ungemeine Menge von Eidechsen von jeder Farbe und Größe, die unaufhörlich an den Cocusbaumstämmen in spiralförmigen Windungen auf- und niederlaufen. Diese kleinen Thierchen sind nicht nur schön von Farbe, sondern auch niedlich gestaltet. Ihre Farbe ist meistens grün mit einem

Anstrich von Himmelblau und Gold. Sie besitzen eine ungemeine Gewandtheit und sind so zahm, daß sie sich ohne Widerstand angreifen lassen. Auf allen Bäumen und Sträuchen wimmelt es von diesen Thieren, die von Insecten leben, so, daß ohne sie das Land fast unbewohnbar seyn würde. Gleich dem Chamäleon können sie ihre Farbe wechseln, und ich habe deren mehrere gesehen, die, wenn man sie aufschreckte, fast ganz schwarz wurden.

Nächst dem Cocusbaum zeichnet sich die Gebirgs-Kohlpalme am meisten aus. Diesen majestätischen Baum findet man gemeiniglich in der Nähe der Pflanzerwohnungen, denen er zu einer höchst zweckmäßigen Zierde dient. Er erreicht eine Höhe von etwa 60 Fuß; der Stamm ist kegelförmig gestaltet und frei von Zweigen und Unebenheiten bis an den Gipfel, wo sich seine Verzweigungen mit ihren Blättern, mehr als 20 Fuß lang zu einem weit ausgedehnten Sonnenschirm gestalten. Der obere Theil des Stammes hat ungefähr in der Länge von 10 bis 15 Fuß eine glatte, glänzende, hellgrüne Oberfläche, und trägt den Sonnenschirm, so wie die lieblich umher hangenden Früchte, die man, — ich weiß nicht warum? — „Kohlköpfe" nennt. Man macht jedoch wenig Gebrauch von dieser Frucht in Barbados, wo der Baum keinesweges in Ueberfluß vorhanden ist; auch hat man große Mühe, die Frucht zu pflücken, wegen der Höhe, worin sie wächst, und wegen der Glätte der Baumrinde, vorzüglich in der Höhe des Stammes.

Der Tamarindenbaum, der einen dornigen Stamm hat, ist sehr häufig in der Nähe von Bridgetown. Auch steht man hin und wieder einige Arten von der Gigantischen Seiden-Platana. Am Strande findet man häufig Alleen von Monchineel-Bäumen (Hippomanes mancinella) von ungemeiner Höhe und Stärke mit Aepfeln von einer höchst einladenden Außenseite und lieblichem Geruche, nicht unähnlich dem Gold-Pepin. Diese Aepfel liegen tausendweise auf dem Boden umher, aber der Fremde würde seine Neugier sehr theuer bezahlen, wenn er diese Frucht kosten wollte, deren scharfer, schädlicher Saft augenblicklich im Munde, in der Gurgel und an allen Orten, die er berührt, Entzündungen hervorbringt und die Haut wegbeizt. Selbst das Wasser, welches beim Regen von den Blättern träufelt, verursacht demjenigen, der unter diesen Bäumen Schutz sucht, Blasen auf der Haut, wie ich oft selbst gesehen habe.

In allen Umgebungen der Stadt giebt es zahlreiche Pisang-Pflanzungen, da diese Frucht in großer Menge verbraucht wird. Der Stamm wird 10 bis 12 Fuß hoch, hat einen ziemlich dicken Stamm, der aber in der That weiter nichts ist, als eine zusammengerollte Masse seiner eignen Blätter, ohne eine solide holzige Substanz. Die Blätter, die sich am Gipfel gleich denen des Cocusbaumes ausbreiten und einen angenehmen Effect machen, sind von dunkelgrüner Farbe, und auf der oberen Seite sehr glatt und glänzend; sie sind sehr groß und breit, und lassen sich zu mancherlei Zwecken gebrauchen, unter andern zum Verbinden von Blasen und Geschwüren. Pisangs sind das Hauptnahrungsmittel der Schwarzen und werden auch von den Weißen häufig gegessen. Es giebt eine Gattung dieses Gewächses, Bananen genannt, die der

Fremde nicht leicht unterscheidet, die aber von den Einwohnern als besonders schmackhaft vorgezogen wird.

Sehr zahlreich sind auf der ganzen Insel die Pflanzungen von Indianischem Korn, dessen Verbrauch bei den Negern sehr stark ist. Es giebt auch Baumwollpflanzungen; doch wird diese Staude hier in keinem bedeutenden Umfange angebaut. Sie ist sehr schön, sowohl, wenn sie in der Blüthe steht, als wenn die Schoten sich öffnen. Sie hat Aehnlichkeit mit dem Englischen Johannesbeerenstrauch, doch wird sie größer als dieser; die Blumen sind gelb, groß und prachtvoll; da die Stauden immer in geraden Linien gepflanzt sind, so gewähren diese Blumen dem Auge und der Phantasie einen lieblichen Genuß. Die Landwohnungen sind meistens mit einer großen Menge Fruchtbäumen, insbesondere Orangen, Limonien, Citronen und Pompelmuß umgeben. Die letztere Frucht ist sehr einladend; ihre Größe, ihre schöne Goldfarbe, die durch das grüne Laub scheint, verbunden mit dem lieblichen Dufte der Blätter und Blüthen, macht diesen Baum genußreich für den Gaumen und die Sinne.

Bei dem Allen ist das Obst durchgängig sehr theuer auf der Insel, da verhältnißmäßig gegen die Volksmenge nur wenige sich des Verkaufs wegen mit der Obstbaumzucht beschäftigen. Anziehend sind in diesen Gehölzen die Gruppen der allenthalben nackend umherlaufenden Negerkinder. Die Mädchen pflegen bis zum dritten oder vierten, die Knaben bis zum zehnten Jahre und länger, ohne alle Bekleidung gelassen zu werden. Die neueingeführten Neger jedes Alters und Geschlechts tragen bloß ein Tuch um die Hüften, und selbst dieß scheint sie zu belästigen.

Das Ganze dieser Scene thut eine unbeschreibliche Wirkung auf das Gemüth eines Europäischen Zuschauers, der sich in eine neue Welt versetzt sieht, wo jeder Baum, jede Pflanze, jeder Vogel und die ganze Thierwelt ihm einen fremdartigen Anblick gewährt und wo der größte Theil der ihn umgebenden menschlichen Wesen ihm wie Einwohner eines andern Planeten erscheinen.

Fast auf jedem Schritte durchkreuzen den Pfad des Wanderers die sogenannten Landkrabben, die man unaufhörlich in die unzähligen Aushöhlungen schlüpfen sieht, wovon der Boden durchlöchert ist. Mit dem Anblicke dieser Thiere vergesellschaften sich düstere Gedanken und traurige Bemerkungen über die Ungewißheit des Lebens in diesen verpesteten Regionen. Es ist nämlich bekannt, daß die sterblichen Reste derer, die als Opfer der endemischen Krankheiten dieses Landes fallen, diesen gefräßigen Thieren zur Nahrung dienen. Demungeachtet werden sie von den Einwohnern gegessen und für große Leckerbissen gehalten; doch lassen reiche und üppige Genüßlinge sie vor der Verspeisung eine Zeitlang mit minder empörenden Nahrungsmitteln mästen. Europäer finden es fast unmöglich, den Widerwillen zu überwinden, den ihnen der Genuß dieser häßlichen Thiere in Mitrücksicht auf den eben erwähnten Umstand erweckt.

Dem Fremden gewährt jede neue Streiferei ins Innere des Landes neuen Genuß; nur zu Pferde lassen sie sich mit Vergnügen und Sicherheit machen. Ich habe einigemal lange Spaziergänge gemacht, jedesmal aber Ermüdung und übermäßige Ausdünstung, Ermattung, mit Kopfschmerzen oder noch bedeutendere Unpäßlichkeiten als Folgen dieser Wanderungen davon getragen. Selbst zu Pferde ist ein Streifzug von 20 Engl. Meilen hier schon eine große Anstrengung, die nur selten gewagt wird.

Da Barbados sehr bevölkert ist, so findet man keinen Erdfleck, der nicht auf irgend eine Weise benutzt wird. Der Hauptartikel der Cultur ist das Zuckerrohr, und die besten und ausgedehntesten Landstriche sind dem Anbau desselben gewidmet. Die ganze Verfahrungsart bei der Bearbeitung dieses wichtigen Erzeugnisses muß natürlicherweise die Aufmerksamkeit des Fremden auf sich ziehen; da sie aber so häufig beschrieben ist, daß ich bei wenigen Lesern eine gänzliche Unbekanntschaft mit derselben voraussetzen kann, auch meine Absicht nur dahin geht, die Eindrücke des Vergnügens oder der Verwunderung, die der Anblick neuer Gegenstände auf mich machte, wiederzugeben, so werde ich alle solche Beschreibungen vermeiden, welche technische Forschungen erfordern.

Zunächst folgen hier einige Nachrichten über eine Reise ins Innere des Landes, die ich kurz nach meiner Ankunft in Gesellschaft einiger Freunde unternahm, und die mir durch Betrachtung der lieblichsten Naturscenen, so wie durch die gastfreie Aufnahme bei Leuten, denen ich bis dahin ganz unbekannt gewesen war, großes Vergnügen gewährte.

Bei Tagesanbruch traten wir, vier an der Zahl, zu Pferde unsere Reise an. Der reizende Weg längs der westlichen Küste der Insel bot auf einer lieblichen Fläche allenthalben neue Schönheiten dar. So wie wir weiter nordwärts kamen, erhob sich allmählig der Boden zu unserer Rechten, und immer anziehender ward die Gegend. Etwa 10 Meilen von Bridgetown kamen wir in ein beträchtliches, an der Seeküste liegendes Dorf mit einer wohlgebauten Kirche und vielen hübschen Häusern. Jenseits des Dorfes verließen wir die Küste, und begannen, bergan zu reiten. Hier eröffneten sich uns in immer steigendem Grade entzückende und überraschende Aussichten. Bald führten uns weite Aushöhlungen, deren steile Abhänge man in England für den Reiter unwegsam halten würde, in Schluchten, wohin kein Sonnenstrahl dringt. Nachdem wir uns durch die Krümmungen dieser tiefen, kühlen Gründe hindurchgewunden hatten, begannen wir, steile Höhen hinanzureiten, wo wir die verzehrenden Strahlen der Sonne in all ihrer Kraft fühlten, bis endlich nach Erreichung des Gipfels der kühlende Seewind seinen erquickenden und erfreuenden Hauch über unsere erschöpften Glieder verbreitete. Ohne diese stete Quelle der Kühlung würden die Inseln dieser Weltgegend kaum bewohnbar seyn; aber so stärkend ist dieser wohlthätige Wind, insbesondere auf Anhöhen, daß die Wonne, die er dem Ruhenden gewährt, kaum zu beschreiben ist. Dieser Genuß harrte unser in vollem Maße bei der Ankunft auf dem Landgute, wo wir frühstücken und zu Mittage essen wollten.

Obwohl unser Besuch unerwartet war, ward uns nach wenigen Minuten ein köstliches Frühstück vorgesetzt, aufgetragen in der östlichen, dem Passatwinde offnen Gallerie, die eine weite Aussicht auf das Innere der Insel darbot. Die zu diesen Landgütern gehörenden Gebäude liegen durchgängig auf den höchsten Plätzen derselben, und zwar, wie ich glaube, hauptsächlich mit Rücksicht auf die Windmühlen; überdieß aber tragen sie zur Annehmlichkeit und malerischen Schönheit der umliegenden Landschaft wesentlich bei. Angenehm und tröstend ist die Wahrnehmung des außerordentlichen Wohlgefallens, womit in diesen Landwohnungen Besuchende aufgenommen und bewirthet werden. Die Bewohner rechnen es sich zur Ehre, wenn ein Fremder sie unerwartet besucht, und nur ein kaltes, gefühlloses Herz kann diese aus reinem Wohlwollen fließende Gastfreiheit genießen, ohne von jenen Empfindungen durchdrungen zu seyn, welche die menschliche Natur verschönern und veredeln. Die Ausführung unseres Reiseplanes erforderte die Begleitung unseres Wirths als Wegweisers, und Bediente, auch frische Pferde, um die unsrigen ausruhen zu lassen. Für alle diese Bedürfnisse ward schnell gesorgt, und nachdem unser Wirth den Befehl zurückgelassen hatte, bei unserer Rückkehr ein Mittagessen für uns bereit zu halten, machten wir uns sämmtlich auf frischen, von ihm herbeigeschafften Pferden wieder auf den Weg. Es war unsere Absicht, ein Landgut, Mount Pleasant genannt, in Augenschein zu nehmen, welches nächst dem steilen Gipfel des nahen Berges Hilloughby der höchste Punct auf der ganzen Insel ist.

Ein äußerst anziehender Weg führte uns bergan zu diesem Landgute, — einem der beträchtlichsten auf Barbaboś; — es gewährt in der Ferne einen schönen Anblick und hat im Aeußern viel Aehnliches mit dem Landsitze eines Englischen Gentlemäns. Der Zugang auf der Westseite ist ziemlich bequem, und der Reisende kann in dieser Richtung die Naturscene nicht ahnden, die nach Erreichung des Gipfels der Bergkette sich seinem Auge plötzlich darbietet. Noch nie hatte ich einige jener bezaubernden Landschaften überschaut, die in den Antillen so zahlreich sind, und ganz unvorbereitet war ich auf den Eindruck, den dieß Schauspiel auf mich machte und den ich nie vergessen werde. Wir fanden uns plötzlich am Rande eines steilen Abgrundes, und zu unsern Füßen ein weites Thal, begrenzt vom östlichen Ocean, (denn man sieht hier das Meer zu beiden Seiten;) das ganze Gemälde übertraf bei weitem das reichste Colorit, welches meine Einbildungskraft hätte erschaffen können. Obgleich jeder Theil der vor uns liegenden Gegend weit tiefer war als unser Standpunct, so umfaßte dennoch unser Blick das ganze Chaos der oben erwähnten Mischung von Gegenständen. Hier sahen wir herab in dunkle Gründe und tiefe Schluchten, die das Thal in allen Richtungen durchkreuzten; dort zeigten sich uns Hügel von phantastischer Form, allenthalben beschattet von Hölzungen, und zu unsern Füßen bot die Ebene zahllose Beweise des Gewerbfleißes und der Wohlhabenheit der Pflanzer dar. Auf jeder Anhöhe zeichneten sich ihre Wohnungen aus, durch die rund umher gruppirten hohen Kohlpalmen und Windmühlen. Gern hätte ich hier einige Stunden geweilt, um dieß bezaubernde Panorama anzuschauen; aber wir wollten noch in das Thal hinabsteigen, um einige seiner anziehendsten Einzelnheiten in der Nähe zu betrachten.

Dieser District, der eine dem heil. Andreas geweihte Pfarrkirche enthielt, hatte den Namen Schottland erhalten — ob von den grotesk wilden Naturscenen, gleichend den Caledonischen, weiß ich nicht; wenn aber die ersten Ansiedler Schotten waren, so ehrten sie unbezweifelt ihr Vaterland dadurch, daß sie diesem irdischen Paradiese den Namen desselben beilegten. Jetzt versetzten wir uns in eine tiefe Schlucht, die uns in wenig Augenblicken die Ansicht aller uns umgebenden Naturschönheiten entzog. Aber hier hätte der Botaniker eine reiche Erndte halten können; denn die freigebige Hand der Natur hatte den Boden unter seiner üppigen Vegetation gänzlich verborgen. Unser Weg führte durch ein Gehölz, bestehend aus den höchsten Bäumen, und unsere Aufmerksamkeit ward gesteigert durch die Menge und Mannichfaltigkeit rankender Pflanzen, die, sich hinaufwindend zu den höchsten Zweigen, Vorhänge von solchem Umfange und von solcher Schönheit bildend, daß keine menschliche Kunst sie zu erreichen vermag. Diese Pflanzen waren sämmtlich bedeckt mit Blüten von den mannigfaltigsten Farben, und so dicht mit Blumen besetzt, daß man an vielen Stellen vierzig bis sechzig Fuß hoch mehrere Yards ins Gevierte nichts anders sah, als eine ununterbrochene Blumendecke, so daß in der Ferne nur eine regelmäßig gemalte Oberfläche von der ausgesuchtesten Schönheit dem Auge sich darbot.

Im Hintergrunde des Thales gewährten die Höhen, von denen wir herabgekommen waren, einen neuen An blick; indem an jeder Seite der Zugang äußerst steil und fast senkrecht war. Auch zeigte sich hier der romantische Pic des Berges Hillenghby in seiner ganzen Schönheit.

Jetzt führte unser Weg zunächst durch den Bezirk, wo der Theer von Barbados, eine wohlbekannte, pechartige Substanz in ungeheurer Menge gefunden wird. Merkwürdig ist die Productionsweise desselben; denn er scheint den Raum zwischen dem Boden und dem Felsgrunde, den dieser bedeckt, einzunehmen. Eine besondre Folge hievon ist es, daß der Boden mit allem, was er hervorbringt, ja selbst die Gebäude und Zuckerwerke, der Gefahr ausgesetzt sind, von der Stelle gerückt und in das nächste Thal versenkt zu werden. Dieser Umstand, so unerklärbar er auch scheinen mag, ist der strengsten Wahrheit gemäß. Wir bemerkten einige Kohlpalmen von ungewöhnlicher Gestaltung; diese waren, wie man uns versicherte, wenigstens eine Viertelmeile weit von ihrer ursprünglichen Stelle auf einem benachbarten Hügel, wo vorher das Haus eines Pflanzers gestanden hatte, gänzlich fortgerückt. Diese Bäume zeigten die Spuren von Wurzeln etwa bis auf sechs Fuß oberhalb des Bodens, worauf sie standen, so daß es ganz das Ansehen hatte, als ob sie auf Pfosten ruhten.

Es gilt in der Colonie ein seltsames Gesetz, ursprünglich erlassen in Folge dieser fast beispiellosen Naturerscheinung; — ein Gesetz, von dessen Gerechtigkeit ich mich nie habe überzeugen können. Es verordnet nämlich, daß, wenn ein mit Zuckerrohr angebautes Feld oder ein ganzes Gut von der Stelle bewegt und auf einen fremden Grund und Boden versetzt wird, das ganze Erzeugniß Eigenthum der Person werden soll, auf dessen Besitzthum es versetzt ist. Der dafür angeführte Grund ist, daß die Erndten des Individuums auf dessen Ländereien der bewegliche Boden sich niederläßt, dadurch unvermeidlich erdrückt und vernichtet werden. Aber ist nicht der Eigenthümer der fortbewegten Ländereien dem nichts als nackter Felsen übrig bleibt, der am meisten verlierende Theil? Freilich reichen einige Jahre hin, das Unheil wieder herzustellen; allein inmittelst muß der Schaden und Nachtheil dem Verlierenden sehr drückend seyn.

Wir kehrten bei einem Pflanzer ein, der vierzig Jahre in seinem jetzigen Wohnorte ansässig, zuvor aber dreimal genöthigt gewesen war, in Folge solcher Landversetzungen die sehr beträchtlichen Kosten der Erbauung eines Wohnhauses mit Nebengebäuden zu tragen. Sein jetziges Wohnhaus war keinesweges glänzend, sondern nur ein Stockwerk hoch und so niedrig, daß man das Dachstroh von der Erde abreichen konnte; es war jedoch sehr lang, und die Wohnzimmer sämmtlich in einer Reihe. Dieser Pflanzer, gebürtig aus dem Fürstenthum Wales, nahm uns sehr herzlich auf, zeigte uns die Stellen seiner beiden vorigen Wohnungen und die Bäume, die der Grund und Boden mit sich fortgeführt hatte. Der jetzt von ihm gewählte Wohnplatz war gegen die Wiederkehr eines ähnlichen Zufalls völlig gesichert, da seine Hütte in einer Niedrigung aufgeführt war und sich an eine große Felsmasse lehnte, deren natürliche Aushöhlungen ihm zu bequemen Vorrathshäusern dienten.

Die Einwohner kommen in der Meinung überein, daß diese pechartige Substanz die physische Ursache dieser Landversetzungen ist; und die Sache scheint viel Wahrscheinliches zu haben. Denn, wo sich in dieser Gegend eine Niedrigung befindet, braucht man nur eine kleine Aushöhlung zu machen, um sie augenblicklich mit diesem natürlichen Theer gefüllt zu sehen. Die gewöhnliche Einsammlungsmethode ist die, daß man ihn von der Oberfläche der Teiche abhebt, die mit demselben bedeckt sind; und die Quelle scheint unerschöpflich, da die Eindrücke der Hufe unserer Pferde sich augenblicklich mit dieser Materie füllten. Es giebt noch eine andere Merkwürdigkeit in diesem Distrikte: eine Naturerscheinung, von den Einwohnern die **brennende Quelle** genannt, wovon ich schon viel gehört hatte, ohne mir einen deutlichen Begriff davon zu machen, bis ich Gelegenheit hatte, sie zu sehen. Es ist nämlich in der Mitte des von uns durchzogenen Gehölzes eine fast zirkelförmige Aushöhlung im Boden, etwa zwei Fuß im Durchmesser und einen Fuß tief. Diese Aushöhlung ist gemeiniglich mit stehendem Wasser gefüllt; dieser Zustand ist wahrscheinlich einem Gas zuzuschreiben, welches in beträchtlicher Menge und in dem Grade entzündbar aus der Erde hervordringt, daß es, wenn man ein brennendes Licht oder ein angezündetes Papier der Oberfläche des Wassers nähert, sogleich Feuer fängt. Die dadurch entstehende starke Flamme brennt fort, bis sie ausgeblasen oder erstickt wird. Eine in einer nahen

Hütte wohnende Negerin führte uns an die Stelle; allein die Höhle war eben damals wegen anhaltender Dürre völlig trocken. Sie ersetzte diesen Mangel durch Wasser aus einem nahen Teiche. Kaum war es in der Höhle, als es gleich kochendem Wasser aufwallte, ohne jedoch die Temperatur zu verändern, und als wir der Oberfläche ein brennendes Papier naheten, fing das Ganze Feuer und entzündete sich zu einer hellen Flamme. Das Gas schien von der nämlichen Art zu seyn, als dasjenige, welches die Straßen von London erleuchtet; aber ich konnte meinen Reisegefährten das dieser Erscheinung zum Grunde liegende Princip nicht eher begreiflich machen, bis ich zwei Flaschen, die uns unsere Sclaven nachtrugen, mit demselben füllte und bei unserer Rückkehr in die Wohnung unseres Gastes eine dieser Flaschen in ein Faß mit Wasser tauchte und den Pfropf herauszog, da dann alle Naturerscheinungen, von denen sie vorhin Zeuge gewesen waren, sich wiederholten.

Wir machten einen zweiten Umweg durch das Innere der Insel und durchzogen die seltsamste Gegend, die ich je sah. Aber obwohl es um die Mittagszeit war und die Sonnenstrahlen senkrecht auf uns niederschossen, litten wir weit weniger von der Hitze, als wenn wir die Straßen von Bridgetown durchwandelt hatten. Endlich kehrten wir auf unser wirkliches Landgut zurück, ganz geeignet, dem für uns bereiteten reichlichen Mahle Ehre zu machen. Ich erkundigte mich nach der Gesundheit des Aufenthalts in diesem Theile der Insel, und aus der Antwort erhellte, daß die Einwohner hier eben so große Furcht vor dem gelben Fieber gehabt haben, als wir in

England, daß sie aber auch eben so wenig davon wissen. Hätte man gewußt, daß ich aus dem Marine-Hospital käme, so würde man sich vermuthlich gefürchtet haben, mich aufzunehmen. In der That ist jene Krankheit auf die niedrigen Gegenden an der Seeküste beschränkt.

Während unseres Rittes sah ich zum erstenmale eine sowohl hier als in ganz Westindien übliche Sitte, die einem Europäer sehr lächerlich scheint. Die uns begleitenden Negersclaven faßten nämlich die Schweife unserer Pferde, um mit uns Schritt halten zu können, und ich verwunderte mich sehr, zu sehen, wie schnell und wie lange sie mit dieser Hülfe laufen konnten. Beim Mondschein kehrten wir spät in der Nacht nach Bridgetown zurück, nachdem wir einen Weg von mehr als vierzig Meilen gemacht hatten, welches in dieser Gegend für eine ungewöhnliche Anstrengung gehalten wird.

In verschiedenen Streifzügen, die ich nachher von Zeit zu Zeit im Innern machte, fand ich jedesmal neue Veranlassung, mich sowohl der Gegend, als auch der Gastfreiheit der Einwohner zu erfreuen, und namentlich in letzterer Hinsicht kam mir nie ein Beispiel vor, wo es irgend jemand gegen mich an dieser Tugend ermangeln ließ. Wenn ich nahe vor der Wohnung eines Pflanzers vorbeiritt, ward ich oft auf der Landstraße von Negern angeredet, die mich in ihres Herrn Namen einluden, hereinzutreten und einige Erfrischungen einzunehmen. In der Folge fand ich, daß diese Einladungen eine allgemein eingeführte Gewohnheit sind, und daß der Hausherr bis zu meinem Eintritt nichts davon gewußt hätte, dann aber den Sclaven wegen seiner Wachsamkeit und Aufmerksamkeit sehr zu loben pflegte.

Ich habe diese Tugend der Einwohner unter ihren moralischen Eigenschaften vorangestellt und wünsche, daß der Leser, wenn ich von ihren Fehlern reden werde, dieses Beweises ihrer christlichen Liebe, der eine Menge Fehler bedeckt, sich erinnern möge. Man darf sich nicht wundern, daß Leute, geboren und erzogen auf einer kleinen Insel, wovon sie die Hälfte vielleicht nie sahen, von demjenigen was auf dem großen Schauplatze des menschlichen Lebens vorgeht, nur sehr unvollständige Begriffe haben. Ich habe mich im Gegentheil jederzeit mehr gewundert, das sie so Vieles, als daß sie nicht mehr wußten; allein Menschen, aufgewachsen unter Sclaven, müssen nothwendigerweise vielen Stolz und Trägheit besitzen. Diese Leute sind von Kindheit auf gewöhnt, farbige Kinder zu ihren Befehlen zu haben, und können daher nicht begreifen, daß die Schwarzen ihre Nebenmenschen sind; viel weniger aber fassen sie die politischen Gründe des Verbots, diese Menschen als Handelsgegenstand einzuführen, und die Möglichkeit, ohne sie zu leben.

Als ich zuerst im Begriff war, meine eigne Haushaltung zu beginnen, zog ich eine auf Barbados heimische Dame zu Rathe, die mir zu beweisen suchte, daß ich, — ein unverheiratheter, einzeln lebender Mann wenigstens zwölf bis vierzehn Sclaven halten müsse; sie bemerkte dabei, daß sie selbst die möglichst geringe Zahl von achtzehn

halte, und daß ihre Familie außer ihr selbst nur noch aus
ihrem Gatten und einem Kinde bestehe. Ich sah jedoch
die Sache aus einem ganz andern Gesichtspuncte an, und
wußte mich so einzurichten, daß ich mit einem Neger
sehr bequem lebte. Von Kindheit an gewöhnt ans Befehlen, haben diese Leute keinen Begriff davon, daß man
irgend etwas selbst thun könne, und folglich wird ihnen
Trägheit zur Gewohnheit. Jeder, der es vermag, schickt
ein farbiges Kind mit den Seinigen in die Schule, wo
es von seinen jungen Gebietern nach deren Laune gestoßen,
gekniffen und auf alle mögliche Weise geplagt wird. Gewöhnlich wird einem Kinde noch im zartesten Alter ein
Sclavenkind des nämlichen Geschlechts und Alters beige-
sellt. Nur gar zu bald begreift das weiße Kind die Un-
terwürfigkeitsverhältnisse seines schwarzen Spielgenossen;
zwar entsteht nicht selten eine Art wechselseitiger sympathe-
tischer Zuneigung unter ihnen, allein die jungen Creolen
üben dennoch über die Schwarzen eine stete Tyrannei, die
ihnen übertriebene Ideen von ihrer Erhabenheit über diese
Menschenclasse einflößt. Uebrigens nehmen die Eingebornen häufig schon, in sehr jungen Jahren farbige Beischläferinnen, in welche sie, wie ich in mehrern Fällen bemerkt
habe, nicht selten sterblich verliebt sind, und die auf diese
Weise für sich und ihre Kinder die Freiheit erhalten.

Es thut mir leid, daß ich in diesem Puncte dem
moralischen Character des weiblichen Theils der Einwohner kein so gutes Zeugniß geben kann, als ich wünschte.
Ohne Zweifel sind diese Frauenzimmer eben so keusch und
tugendhaft, als andere in irgend einem Theile der Welt;

allein sie sind gewohnt, fast an allen ihren Bekannten vom männlichen Geschlechte, und häufig bei ihren Brüdern und Vätern, die sich öffentlich farbige Beischläferinnen halten, Beispiele der Unenthaltsamkeit zu sehen, die nicht im mindesten für schandevoll gehalten werden; ja, eine Creolin wundert sich weit mehr, wenn ein Mann keine solche Beischläferin hat, als wenn es der Fall ist. Obwohl die Farbigen als eine abgesonderte Menschenclasse angesehen werden, behandelt man sie dennoch nicht selten mit großer Freundlichkeit; aber diese Freundlichkeit ist gewöhnlich von der Art, wie wir sie Hausthieren bezeigen. Von ähnlichen Gefühlen muß es herrühren, daß Frauenzimmer, die an und für sich einen richtigen Begriff von Moralität haben und über die Verführung einer Weißen den größten Unwillen an den Tag legen würden, gegen die ausschweifendste Lebensweise der Negerinnen die größte Gleichgültigkeit zeigen. Eine achtungswerthe Dame, die einem meiner jungen Freunde, der hieher kam, um sich als Kaufmann niederzulassen, eine wahrhaft mütterliche Zuneigung bewies, rieth ihm in vollem Ernste, eine junge Mulattin oder Mestizin, als Haushälterin anzunehmen, mit der Bemerkung daß er sich dadurch größere häusliche Bequemlichkeiten verschaffen, und seine Ausgaben mindern werde; außerdem gab sie ihm einen Wink, daß er, beschränkt auf einen einzigen Gegenstand, seine Gesundheit und seinen Ruf besser sichern werde, als durch eine gänzliche Zügellosigkeit der Sitten, wozu sie, wie es schien, jeden jungen Mann geneigt hielt. Man hat mich versichert, daß diese Dame vor dem Gedanken zurückschaudern würde, irgend jemandem zu einem leichtsinnigen Betragen gegen Personen, die sie als ihres Gleichen ansieht, aufzumuntern; so groß ist die Macht der Erziehung, und des täglichen Anblicks lasterhafter Gewohnheiten! In der Familie, deren Hausgenosse ich war, äußerte eine achtungswerthe Jungfrau zwischen funfzig und sechzig Jahren bei der Mittagstafel ihr Bedauern, daß eine junge Sclavin, die sie auf mehrere Monate vermiethet hatte, im Begriff stehe, zu ihr zurückzukehren, da sie hiedurch nicht nur monatlich zwölf Piaster, — ihren Dienstlohn, — verlieren würde, sondern sie auch unterhalten müsse. Nach dem Essen erkundigte ich mich, wie es mit der Vermiethung von Sclaven gehalten werde, und erfuhr bei dieser Gelegenheit, daß die junge Sclavin, von der die Rede gewesen war, an einen Officier der Besatzung vermiethet sei, der sie sich als Beischläferin hielt, und daß ihre Rückkehr nur durch dessen Abberufung auf eine andere Insel verursacht werde. Zugleich gab man mir einen Wink, daß die gute Dame, wenn ich etwa die junge Sclavin zu mir nehmen wolle, wahrscheinlich etwas von ihrer Forderung nachlassen würde. Die Idee eines so seltsamen Handels befremdete mich aufs äußerste; allein einige Tage nachher ward die nämliche Sclavin in der Zeitung von Bridgetown öffentlich ausgeboten und zwar in folgenden sonderbaren Ausdrücken: „Zu vermiethen eine Nätherin, ein hübsches Mulattenmädchen, siebenzehn Jahre alt, sehr geschickt in der Nadel ꝛc. Um unnöthige Erkundigungen zu ersparen, wird bemerkt, daß der Miethpreis zwölf Piaster monatlich beträgt ꝛc." Ich hatte schon früher Bekanntmachungen dieser Art gelesen, die fast wöchentlich vorkommen, häufig aber auch bloß den buchstäblich ausgedrückten Zweck der Vermiethung beabsichtigen.

Durch die Mittheilung dieser Probe der Volksmoralität ziehe ich mir vielleicht den Vorwurf zu, als ob ich zu strenge sei, oder seltne Fälle als Beispiel gewählt hätte, welches jedoch nicht der Fall ist. Uebrigens muß ich den hiesigen Damen die Gerechtigkeit widerfahren lassen, daß sie mit seltnen persönlichen Reizen die liebenswürdigsten Eigenschaften des Herzens und selbst einen Grad geistiger Ausbildung verbinden, den ein Fremder in solcher Ferne von Europäischen Unterrichtsmitteln nie erwarten sollte. Der Mangel an Zartgefühl, der aus den vorhin angeführten Beispielen hervorzugehen scheint, ist vermuthlich der schamlosen Immoralität der Männer und dem unglücklichen Umstande zuzuschreiben, daß sie beständig unter Sclaven leben. Auffallende Beispiele der Immoralität unter weißen Frauenzimmern sind hier fast gänzlich unbekannt und von den schändlichen Ehebruchs- und Verführungsprocessen, die in Großbritannien so gewöhnlich sind, hört man hier selten.

Aus der nämlichen Quelle, — der Bedienung durch Sclaven und nicht durch Hausgesinde, — entspringt ein andrer widriger Characterzug beider Geschlechter, nämlich der bei allen Bewohnern westindischer Inseln sichtliche hohe Grad von Trägheit. Freilich trägt das Clima zu diesem Hange vieles bei, aber gäbe es keine Sclaven, so würden sie ohne Zweifel mehr Regsamkeit zeigen. Oft sieht man die Männer mit auf den Tisch gelegten Beinen sitzen, und selbst Damen habe ich in dieser Stellung überrascht; aber gewöhnlicher ists, die Beine auf einen Stuhl zu legen. Dieser Zustand der Unthätigkeit ist, glaube ich, in der heißen Zone der Gesundheit zuträglich, und der Umstand, daß die Europäer für das Fieber empfänglicher sind, als die Eingebornen, ist wahrscheinlich großentheils der großen Beweglichkeit der ersteren zuzuschreiben, denen die Ruhe eben so sehr zuwider ist, als den letzteren die Bewegung. Die physischen Folgen dieser geistigen und körperlichen Unthätigkeit sind bei den Frauen eine feuchte, kalte, äußerst weiche Haut und ein ruhiger, regelmäßiger Puls; auch sind sie selten vom Durste gequält, der den Europäern so lästig ist, und werden wenig von den Stichen der Mosquitos und anderer lästigen Insecten gepeinigt.

Nie sah ich irgendwo so schöne Kinder; diese Schönheit erhält sich gemeiniglich bis nach dem Alter der Mannbarkeit, die unter den Weißen im 14. Jahre beim männlichen, und im 13. beim weiblichen Geschlechte eintritt. Die Jugend beider Geschlechter besitzt viel Lebhaftigkeit und Gutmüthigkeit, und wenn gleich am Tage auch junge Leute der Starrsucht einigermaßen unterworfen sind, so können sie den größten Theil der Nacht mit großer Lebhaftigkeit durchtanzen.

Da ich ein ganzes Jahr in der Colonie weilte, ließ ich die Gelegenheit nicht unbenutzt, den Wechsel der Witterung in den verschiedenen Jahreszeiten zu beobachten. Es wird dem Leser bewußt seyn, daß unterm 13. Grade der Breite die Länge des Tages und der Nacht das ganze Jahr hindurch wenig verschieden seyn kann. Auch giebt es nichts Aehnliches von jenem Wechsel der Temperatur, welcher gemäßigten Climaten eigen ist. Feuchte und trockene Jahreszeiten bilden den einzigen wesentlichen Unterschied; allein der Wärmegrad ist in beiden fast gleich und folgt dem Lauf der Sonne, die zweimal im Jahre über den Zenith hingeht, nämlich im April, wenn sie sich gegen den Wendekreis des Krebses hinbewegt, und im August, wenn sie zum südlichen Wendekreise zurückkehrt. Die größte Hitze beginnt im Junius, wenn sie vom Wendekreis des Krebses zurückgeht, und dann tritt auch die regnigte Jahreszeit ein; — unstreitig die unangenehmste Periode im ganzen Jahre. Der Regen nimmt täglich zu und fällt in Strömen herab mit furchtbar schallendem Sturze, den man einige Zeit vor dem Eintritt des Sturmes vernimmt; denn es würde einen unrichtigen Begriff dieser Regenströme geben, wenn man sie Schauer nennen wollte. In freier Luft kann man sie leicht herankommen sehen und vermeiden. Während der folgenden drei Monate treten häufige und manchmal furchtbare Gewitter ein. Während meiner Anwesenheit hielt eines beinahe 24 Stunden an; die Explosionen waren die fürchterlichsten, die ich je sah, und von 2 Uhr Morgens bis um 2 Uhr Nachmittags war zwischen denselben kein Augenblick Ruhe; sie erfolgten nicht in regelmäßigen Schlägen, sondern der Donner rollte 12 Stunden lang unaufhörlich fort, und es blitzte so schnell, so lebhaft und ununterbrochen, daß man in einem dunklen Zimmer sehr gut hätte lesen und schreiben können. Durch die während dieser Zeit herabfallenden Regenströme wurden alle Schluchten in tosende Gießbäche verwandelt, die an vielen Orten prachtvolle Cataracten bildeten. So wie der Regen im August nachzulassen beginnt, folgt ihm jene furchtbare Jahreszeit, wo man eine der schrecklichsten Landplagen, womit der Himmel die Erde heimsucht, erwarten muß, — nämlich die Jahreszeit der Orcane.

Seit länger als 30 Jahren ist Barbados von keinem bedeutenden Unglücke dieser Art betroffen worden; aber so tiefen Eindruck hat das letzte Mißgeschick vom Jahr 1780 bei allen bejahrten Einwohnern zurückgelassen, daß sie schon bei der Erwähnung desselben zurückschaudern, und Hunderte, die niemals die Knie vor ihrem Schöpfer beugen, stellen sich am Jahrestage jenes Orcans, der auf der ganzen Insel als ein feierlicher Bußtag begangen wird, in feierlicher Procession in ihren Kirchen ein. An jenem Schreckenstage ward die Stadt Bridgetown gänzlich zerstört, so daß man selbst die Stellen der Wohnhäuser nur mit Mühe wieder auffinden konnte, da sie viele Stunden lang von der See überströmt waren. Der Schaden war nicht zu berechnen, und nie hat man die Zahl der Umgekommenen genau erfahren. Immer noch ist dieß die Jahreszeit ängstlicher Sorgen; denn vom Anfang des Augustmonats bis zum Ende Octobers kann man an jedem Tage und in jeder Nacht einer solchen Schreckensscene entgegensehen, deren ich eine selbst erlebte, wovon ich weiter unten eine ausführlichere Beschreibung versuchen werde.

Aber nicht allein Orcane machen diese Jahreszeit furchtbar; denn jetzt tritt auch die Zeit ein, wo die endemischen Fieber des Landes ihre gelben Krallen zu zeigen beginnen, und glücklich der Europäer, der ihren Klauen entgeht! Während meines Aufenthalts auf dieser Insel (im Jahr 1807) wütheten sie in ungewöhnlichem Grade, und nicht allein Europäer, sondern eine Menge Eingeborner wurden ein Opfer ihrer Wuth. In den Monaten October und November sah man nichts, als Leichenbegängnisse und trauernde Familien, und am meisten litten, wie gewöhnlich, die Land- und Seetruppen. Ein trauriges Beispiel hievon, welches sich während meines Aufenthalts ereignete, kann ich nicht unerwähnt lassen. Während der schlimmsten Fieberperiode lief aus Europa eine Flotte mit Verstärkungstruppen für die auf der Insel garnisonirenden Regimenter ein. Da Barbados das allgemeine Hauptquartier ist, so werden sämmtliche Officiere, wenn auch ihre Corps nicht hier sind, ans Land gesetzt. Mehrere dieser muthvollen jungen Leute erreichten niemals ihre Bestimmung; aber insbesondere erwähne ich eines erst kürzlich in Dienst getretenen Officiers, des einzigen, der damals für sein Corps als Verstärkung bestimmt war. Er war auf einem Transportschiff eingetroffen, wo sich kein andrer Officier am Bord befand, und landete auf Barbados ohne alle Bekanntschaft mit den auf der Flotte übergeschifften Officieren. Nachdem er in den Baracken einquartirt war, ward er mit der auf dieser Insel vorherrschenden Gastfreiheit behandelt und an der gemeinschaftlichen Officierstafel eines der Regimenter zum Mittagessen eingeladen. Bei Tische hätte er, wie bei neuangekommenen Officieren gewöhnlich ist, den trefflichen Madeira sich wohl schmecken lassen.

Abends spät zog er sich in sein einsames Baracken-zimmer zurück, wohin er, als gänzlich fremd, noch niemand zu seiner Bedienung bestellt hatte. Unter der Menge von militärischen Ankömmlingen bei der Besatzung, ward der junge Mann vergessen oder übersehen. Als man ihn endlich nach drei Tagen aufsuchte, um ihm eine Ordre wegen seiner Wiedereinschiffung zu überbringen, fand man ihn leblos, wenn gleich noch nicht völlig erkaltet, auf dem Fußboden seines Zimmers ausgestreckt, und die Spuren des sogenannten schwarzen Erbrechens, womit Zimmer und Bett bedeckt waren, zeigten nur zu deutlich die Ursache seines Todes. Wie qualvoll mußten die beiden letzten Lebenstage dieses unglücklichen Jünglings seyn, der vom brennenden Durste gepeinigt, aller Krankenpflege entbehrte!

Es sind mir mehrere Krankheitsfälle dieser Art vorgekommen; wo den Kranken dieß Uebel befällt, verlangt er, liegen zu bleiben, und sein einziger Wunsch ist, zu ruhen und zu trinken. Ich konnte nicht hoffen, den Klauen dieses verheerenden Ungeheuers zu entgehen, da bei der Menge der als Opfer desselben gefallenen Gesundheitsbeamten meine Geschäfte sich sehr gehäuft hatten. Wirklich traf die Reihe auch mich. Nachdem ich eines Abends anscheinend bei vollkommener Gesundheit schlafen gegangen war, erwachte ich am folgenden Morgen gegen 5 Uhr in einem höchst gefährlichen Krankheitszustande. Die Symptome des herrschenden Uebels wuchsen mit reißender Schnelligkeit, und 48 Stunden schwebte ich zwischen Leben und Tod; aber die Vorsehung wandte die Wagschale zu meinen Gunsten, nachdem bereits die Spuren des schwarzen Erbrechens den Arzt an meinem Leben hatten verzweifeln lassen.

Das Fieber wüthet bis zum December, in welchem Monate die Winde, die während der Jahreszeit der Orcans von allen Seiten des Compasses wehen, ihre gewöhnliche Richtung aus Osten wieder annahmen und behielten *). So wie die Sonne aus Süden sich gegen den Aequator zu wenden beginnt, setzt sich der Passatwind jederzeit in Nordosten fest, weht stark und kühlend, und verbreitet die Keime des Lebens und der Gesundheit; daher man diesen heilbringenden Wind mit Recht „den Arzt" nennt; denn bei seiner Annäherung weicht die Pest, und der noch schmachtende Genesende athmet neues Leben und neue Kraft ein. Das Clima dieser Insel ist dann zwei Monate lang heilsam und angenehm. Die tropischen Früchte sind reif und die ganze Natur fühlt den erfreulichen Einfluß dieses wohlthätigen Windes. Wenn im März die Sonne den Aequator erreicht, dreht sich der Wind allmählig nach Südosten, die Hitze steigt, bis, wenn sie den höchsten Grad erreicht hat, die Regenzeit aufs Neue eintritt. In den Zwischenzeiten des Regens ist die Macht der Sonne unerträglich, insbesondere, wenn der Passatwind aufzuhören beginnt.

Der gleichförmigen Länge der Tage von 6 Uhr Morgens bis 6 Uhr Abends habe ich schon erwähnt; doch muß ich noch hinzufügen, daß den Ankömmling das plötzliche Verschwinden des Tageslichtes beim Untergang der Sonne

---

*) Bekanntlich weht es zwischen den Wendekreisen den größten Theil des Jahres hindurch anhaltend aus Osten.

sehr befremdet; denn in weniger als einer Viertelstunde wird es völlig dunkel. Sobald gänzliche Finsterniß eingetreten ist, vernimmt das Ohr ein lautes, durchdringendes Getöse, welches nicht nur die ganze Insel durchtönt, sondern sogar in einiger Entfernung auf der See hörbar ist. Dieß kömmt von Myriaden Grashüpfern, die sich über das Land verbreiten, und währt einen großen Theil der Nacht. Ich weiß nicht, welches unerklärbare Vorurtheil dieß Gerdusch von Eidechsen herleitet; denn die meisten Fremden verlassen diese Insel mit dieser Idee; und doch kann nichts irriger seyn; denn Eidechsen haben nicht die Macht, auch nur den schwächsten Ton von sich zu geben; die Grashüpfer hingegen, die höchstens 3 Zoll lang sind, würden dem, der mit einem solchen Grashüpfer in einem Zimmer eingesperrt wäre, durch den durchdringenden Ton dieses Thieres Taubheit zuziehen. Oft haben mich die Grashüpfer auf dem Lande beim Schlafengehen schrecklich gestört; denn kaum war das Licht ausgelöscht, so ließen sie sich mit einem so lauten Schalle vernehmen, der selbst der größten Schlafsucht Trotz bot. Es giebt dagegen kein anderes Mittel, als Licht anzuzünden und das Thier aufzusuchen, welches jedoch sehr schwer ist, denn sobald das Licht erscheint, schweigt es und wechselt seinen Aufenthalt, erneuert auch seinen Ton nicht, so lange das Licht fortbrennt. Wenn aber der Schlaflustige in der irrigen Vermuthung, daß er das Thierchen durch genaue Durchsuchung durch die Jalousien vertrieben habe, sich aufs Neue einer täuschenden Ruhe überläßt und sein Licht wieder auslöscht, wird er nur zu bald einsehen, daß er keinen Schlaf hoffen darf, bevor er die Durchsuchung erneuert und den läſtigen Gaſt gefangen oder wirklich vertrieben hat. Dieſe Inſecten ſind zum Theil von ſchöner, grüner Farbe und gleichen der nämlichen Gattung in England, ausgenommen, daß ſie große Flügel haben, die ihnen in ihren Sprüngen, welche 10 bis 20 Yards betragen, behülflich ſind und ſie wie bei uns in den Stand ſetzen, ihre Richtungslinie zu verändern. Sie machen jedoch nur einen unvollkommenen Gebrauch von dieſen Flügeln, indem ſie häufig an die Vorübergehenden damit anſchlagen.

Aber dieſe Thiere ſind keinesweges die läſtigſten Gegenſtände in jenem Lande, da ſie es nur zu Zeiten und vorübergehend heimſuchen; aber die, vorzüglich dem Ankömmling wahrhaft furchtbaren, ungebetnen Gäſte ſind die Muskitos, zwar kleiner an Umfange, aber ein dauerndes und ernſtes Uebel. Ihr Stich iſt von einem ſo heftigen Jucken begleitet, daß man nicht davor ſchlafen kann; das Kratzen des geſtochenen Theils macht das Uebel nur ärger und bringt Entzündung, nicht ſelten Geſchwüre hervor. Ich ſah viele Perſonen an den Folgen der Muskitosſtiche ſehr ernſtlich leiden, denn dieſe Thiere ſind weit läſtiger, als Wanzen, an denen gleichfalls kein Mangel iſt.

Da einmal von läſtigen Thieren die Rede iſt, darf der Cock-roach\*) nicht übergangen werden. Dieß häßliche,

---

\*) Der Verfaſſer läſt die naturgeſchichtliche Claſſe dieſes Inſects, deſſen obiger Name ſich ſelbſt in keinem, ſelbſt der neuſten allgemeinen Engliſchen Wörterbüchern übertragen findet,

stinkende Insect bringt nicht nur in die Schlafzimmer, sondern auch bei Tische in die Gerichte ein, besonders in der regnichten Jahreszeit. Der Geruch dieser Thiere ist äußerst widrig. Man rieth mir eine seltsame Methode, ihre Annäherung in der Nacht zu verhindern, nämlich die, ein solches Insect zu fangen, und an einem Faden mit einer Nadel am Kissen zu befestigen, da denn das beständige Flattern des Insects die übrigen von der Annäherung abhalten würde. Dieß hatte wirklich die gewünschte Wirkung; aber schon das Flattern des Gefangenen war keine geringe Unbequemlichkeit.

Es giebt noch eine andere hier sehr häufige Gattung von Schaben, von weit widrigerem Aeußern, als die ersterwähnte, aber weniger zudringlich; man nennt sie Klopfer (knocker), weil ihr nächtliches Geräusch fast eben so klingt, als wenn jemand leise mit den Knöcheln auf den Tisch klopft; etwa so wie ein Bedienter bei der Ankunft der Kutsche an die Saalthür klopft, nicht laut genug, um jemand zu wecken, allein hinreichend, jeden der Ursache Unkundigen am Einschlafen zu hindern. Es scheint eine Art von Signal zwischen den beiden Geschlechtern dieser Thiere zu seyn, da ich immer ihrer zwei beisammen sah,

unberührt. Ohne Zweifel aber ist es die Blatta orientalis Linn.; — eine Art Schaben oder Motten, (Class. II. Hemiptera. Os maxillosum, aleae coriaceae planae, pedes, cursorii,) worüber sich schon Capitán Cook klagt, daß sie ihn auf Huaheine so schrecklich beläßtiget, und insbesondere seine ausgestopften Vögel zerfressen hättten*). A. d. U.

*) (Nach Reinnuß), Woodlouse. A. d. H.

wenn jener Ton sich vernehmen ließ; doch nie habe ich entdecken können, durch welchen physischen Apparat jenes Klopfen hervorgebracht ward.

Unter andern schädlichen Insecten muß der Hundertfuß erwähnt werden. Die Gestalt dieses Insects, so wie die Giftigkeit seines Stiches wird den meisten Lesern bekannt seyn; ich bemerke bloß, das kein Haus ganz von diesen Thieren frei ist. Gleich allen andern Insecten sind sie in der regnichten Jahreszeit am häufigsten vorhanden und kommen Nachts aus ihren Schlupflöchern hervor. Da ich selbst von ihnen gestochen ward, kann ich mit Gewißheit versichern, daß man die Schädlichkeit ihres Stichs sehr übertrieben hat, und daß sie hierin die Wespen des Mutterlandes nicht übertreffen. Ein Officier, der in dem Hause, wo ich mich aufhielt, eines Abends auf der Gallerie spazierte, legte zufällig die Hand auf eines dieser Insecten, welches ihn sogleich in den Finger stach. Klagend über den Schmerz des Stichs und höchlich ergrimmt über die Unverschämtheit des Insects, trat er ins Zimmer. Um mir augenscheinlich zu zeigen, wie leise er die Hand auf das Geländer gelegt habe; wo das Insect saß, führte er mich auf die Gallerie und legte die andere Hand auf den nämlichen Fleck, allein zu seinem Schrecken gab ihm der Hundertfuß, der auf seinem Posten geblieben war, einen zweiten Beweis seiner Verwegenheit durch einen abermaligen Stich.

Eine weit schrecklichere, aber zum Glück nicht sehr häufige Landplage ist der Scorpion. Ich mußte einst einem Matrosen, den ein Scorpion in die Zehe gestochen hatte, ein Bein abnehmen; aber so tödtlich war das Gift, daß es sich schnell durch den ganzen Körper verbreitete. Die Muskeln des Beines und der Lende waren nur eine Masse von Fäulniß, so daß keine Absonderung sich an denselben wahrnehmen ließ. Ich hatte den ersten Einschnitt etwas oberhalb des Knies gemacht, in der Hoffnung, dem armen Menschen das Leben zu erhalten. Da sich aber der kalte Brand schon weiter verbreitet hatte, mußte ich die Operation viel höher beginnen; aber alles war vergebens und innerhalb 8 bis 10 Stunden gab der Kranke den Geist auf. Sein Blut oder seine ganze Leibesbeschaffenheit muß jedoch verdorben gewesen seyn, da dieß der einzige Fall ist, der mir von der Tödtlichkeit eines Scorpionstiches je vorkam. Kein Fremder kann ohne Abscheu die scheusliche Gestalt der ungeheuern, in dieser Weltgegend erzeugten Spinnen erblicken; sie sind jedoch ganz unschädlich, und man läßt sie gern in Ruhe, da sie natürliche Feinde der Hundertfüße sind. Unter den zahlreichen Gattungen von Eidechsen ist eine, die, obwohl die kleinste unter allen, von den Einwohnern sehr gefürchtet wird, und zwar wegen einer seltsamen Eigenthümlichkeit. Wenn dieß kleine Thier, (denn oft ist es nur 2 bis 3 Zoll lang) zufällig auf irgend einen Theil des menschlichen Körpers fällt, so hält es sich an der Haut so fest, daß jeder Versuch, es ganz wegzubringen, vergebens ist. Es scheint dieß aus Furcht zu thun; aber gewöhnlich ist die Furcht der Person, an deren Haut es sich festhält, nicht geringer, als die des Thieres selbst, welches sich auf keine andere Weise wegbringen läßt, als daß man ihm die Vorderfüße abschneidet.

Auch die Ameisen lassen sich zu den hiesigen Landplagen rechnen. Ihre Menge ist unglaublich, und kein Fleck ist vor ihnen sicher. Bewundernswürdig ist ihre Klugheit und ihr Fleiß. Oft beobachtete ich ihre Bewegungen mit großem Interesse. Nicht selten sah ich sie ein Stück Fleisch oder ein todtes Insect oder Gewürme wegtragen, dessen Gewicht das Zehnfache ihrer vereinigten Kraft betragen mußte. Können sie es wegtragen, so verzehren sie nichts davon, bis sie das Ganze bei Seite gebracht haben; werden sie hieran verhindert, so beginnen sie auf der Stelle, es zu verzehren. Eine todte Schabe von der oben bemerkten Gattung tragen sie mit Leichtigkeit fort, und sogar eine kleine Eidechse sah ich sie heben. Aber die Spürkraft dieser kleinen Diebe ist noch größer, als ihre Kraft. Um ihren Räubereien zu entgehen, pflegt man Zucker und andere Gegenstände, die ihren Nachstellungen besonders ausgesetzt sind, in einem Gefäß aufzubewahren, welches man, um es zu isoliren, in eine mit Wasser gefüllte Schüssel setzt. Dieß ist freilich Anfangs für sie ein unübersteigliches Hinderniß; allein ich beobachtete, daß sie Stroh und andere leichte Substanzen in das, die Schüssel füllende Wasser trugen und sich daraus eine Brücke bildeten, worauf sie zum Gegenstande ihres Strebens gelangen konnten. Zu diesem Geschäfte wurden höchstens ein Dutzend Ameisen gebraucht; aber kaum war die Gemeinschaft eingerichtet, als Hunderte sich ihrer bedienten, um das Wasser zu passiren. Diese kleinen Insecten verstehen sich trefflich auf das Secieren und in einer einzigen Nacht liefern sie das schönste Skelett einer großen Eidechse, ohne nur die mindeste Spur von Fleisch auf den Knochen zurückzulassen.

Zwar ist es nicht meine Absicht, mich in die Einzelnheiten der Naturgeschichte dieses Landes einzulassen; allein dennoch wünschte ich diejenigen Gegenstände bemerklich zu machen, die am meisten die Aufwerksamkeit des Fremden auf sich ziehen. Hieher gehört der Brummvogel (tominius, — Englisch humming-bird) der sich durch Schönheit des Gefieders und durch seine niedliche Gestalt besonders auszeichnet. Auch wächst in Barbados ein dieser Insel eigenthümliches Gesträuch, welches daher den Namen Barbadoes pride (der Stolz von Barbados) genannt wird. Es ist eines der schönsten Erzeugnisse des Pflanzenreichs, die es geben kann. Seine prachtvollen Blumen sind trompetenförmig gestaltet und unaufhörlich umflattert von dem ebenerwähnten niedlichen Vögelchen, welches durch die schnelle Bewegung seiner Flügel einen summenden Ton hervorbringt und mit seinem langen Schnabel seine Nahrung aus dem Kelche dieser Blüthen saugt. Die Farbe des Brummvogels ist ein glänzendes Dunkelgrün; oft fliegt er in die Häuser, insbesondere, wenn ihm dort einige seiner Lieblingspflanzen winken, aber wenn man ihn einsperrt, stirbt er bald.

Noch giebt es hier ein seltsames Insect, welchem die Einwohner den sehr passenden Namen der Maurer-Biene (mason-bee) beigelegt haben; es sammelt nämlich Koth und Thon und baut sich damit an der Decke des Zimmers

Nester, worein es seine Eier legt; allein so groß ist die Spurkraft dieser Thiere, daß sie sich an den Stellen sehser tzen, wo sich die Eier der obenerwähnten großen Spinnen befinden. Haben sie ihr Mauerwerk vollendet und in demselben zum Ein- und Ausgange eine kleine Oeffnung gelassen, so legen sie ihre Eier und schließen dann die Oeffnung. Dieß Nest hat nach seiner Vollendung etwa die Größe eines Hühnereies, und ist ganz das Werk von zwei Insecten, nicht größer als eine Englische Wespe, die es in zwei bis drei Tagen vollenden. Die jungen Spinnen dienen hier den jungen Maurerbienen zur Nahrung, die, wenn sie stark genug sind, sich durch die Seitenwände des Nestes einen Weg bahnen und sich bald ans Werk begeben, sich selbst Nester zu bauen.

Die hier erwähnten Thiere und Pflanzen\*) sind allen Westindischen Inseln gemein, obwohl ich sie in der Beschreibung von Barbados erwähnt habe.

———

Kreuzerfahrt in den Westindischen Gewässern. — Eau. Rod. — Santa Cruz. — Virgin-Gordas. — Carlisle-Bai. — Surinam. — Grenada. — Tortola. — English-Harbour. — Marie-Galante. — Les Saints. — Guadeloupe. — Rückfahrt nach England.

Am 16. April 1808 ward ich von meiner Station im königlichen Marine-Hospital zu Barbados auf die damals

———

\*) Ohne Zweifel mit Ausnahme der vom Verfasser mit dem Namen Barbadoes-pride bezeichneten Pflanze.

A. d. U.

in Carlisle-Bay liegende Kriegs-Sloop Nimrod, commandirt von Hrn. R. Bourchier, als Wundarzt versetzt. Da ich am Bord dieses Schiffes Gelegenheit hatte, die meisten Inseln unter dem Winde zu besuchen und auf dieser Fahrt ein genaues Tagebuch hielt, dessen Inhalt manche für den Leser wahrscheinlich nicht uninteressante vermischte Bemerkungen und Beobachtungen enthält, so will ich sie hier der Zeitordnung nach mittheilen.

Der Nimrod war beordert, in der Durchfahrt von Mona zwischen Porto-Rico und St. Domingo zu kreuzen. Begleitet von der Kriegs-Sloop, der Cherub, gingen wir am 22. April Abends gegen Sonnenuntergang unter Segel und nahmen unsern Lauf nach Martinique. Schon am folgenden Tage erblickten wir das südöstliche Ende dieser Insel und in der Ferne den Diamantfelsen. Die Gegend war aufs Lieblichste vermannichfaltigt durch trefflich angebaute Hügel und Thäler, so wie durch romantisch gelegene Landhäuser. Am 25. befanden wir uns dem nördlichen Ende der Insel gegenüber. Hier war die Gegend unfruchtbarer, doch boten die Hochlande malerische Ansichten dar. In weiter Ferne vom Lande sieht man hier einen sehr merkwürdigen, aus dem Meere hervorragenden Felsen, der in der Form einem Segel so ähnlich ist, daß man ihn sehr leicht damit verwechselt. Am 26. hielt uns eine Windstille den ganzen Tag der Französischen Inselgruppe, den Heiligen-Inseln (les saintes), gegenüber; wir hatten Guadeloupe und Dominica im Gesichte. Hier trafen wir die königliche Brigg Woolverine, von deren Mannschaft wir vernahmen, daß Tages zuvor zwischen zwei Französischen Kriegsschiffen und der königlichen Sloop Gorée ein Gefecht vorgefallen sei, worin die beiderseitigen Schiffe sehr beschädigt worden, und in dessen Folge die feindlichen Briggs in den Saints eingelaufen seien. Sobald sich daher am folgenden Morgen ein gelinder Wind erhob, spannten wir alle Segel aus und nahmen unsere Richtung nach Westen, in der Hoffnung, die Französischen Briggs zu treffen. Um Mittag sahen wir in weiter Ferne Santa Cruz und gegen Abend brachte uns ein starker, günstiger Wind in die Nähe von Porto-Rico. Bald gewährte uns das südöstliche Ende dieser Insel die lieblichsten Ansichten, deren Naturschönheiten sich durch keine Beschreibung wiedergeben lassen. Die hohen, mit dichtem Holze bis an den Gipfel bedeckten Berge mit ihren sanften Abhängen gewährten die üppigsten Waldsceenen, die ich je sah. Einige zerstreute Hütten zeigten sich hie und da in Gesträuchen, und im Hintergrunde der Bai sahen wir eine kleine Stadt. Bei Sonnenuntergang segelten wir weiter. Nachdem wir in der Nacht und am folgenden Tage einen heftigen Wind gehabt und unsere Richtung gegen Westen genommen hatten, sahen wir einen Schooner und eine Sloop mit allen Segeln vor dem Winde auf uns zu kommen. Den Cherub, mit dem wir übereingekommen waren, das Prisen-Geld auf unsrer Kreuzerfahrt zu theilen, ließen wir, weil er schwerer segelte, zurück, und machten Jagd auf die beiden Schiffe. Gegen Abend verloren wir den Schooner wegen des neblichten Wetters aus dem Gesichte, kamen aber der Sloop im Segeln bedeutend zuvor, bis wir auch sie im nächtlichen Dunkel aus dem Geſichte verloren. Doch als wir ſie am folgenden Morgen um 10 Uhr wieder erblickten, machten wir aufs Neue auf ſie Jagd. Sie hielt ſich nahe an der Küſte, wohin wie ſie nicht ohne Gefahr (da die Küſte uns unbekannt war) verfolgten. Jetzt ſahen wir ſie bereits als gute Priſe an, die uns unſere Einbildungskraft als befrachtet mit Piaſtern darſtellte. Wirklich befanden wir uns nach einer zweiſtündigen Jagd in Kanonenſchuß-Weite. Wir gaben ihr durch einen Schuß das Zeichen, beizulegen, welches verſtanden ward; denn augenblicklich zog ſie das Toppſegel ein und legte bei. Da wir jedoch nicht rathſam fanden, uns der Küſte ſo weit zu nahen, als nöthig war, ſie zu entern, ſo verkündigte ihr ein zweiter Schuß unſer Verlangen, daß ſie herankommen ſolle. Auch dieß geſchah; aber zu unſrer großen Unzufriedenheit entdeckten wir, daß ſie die Engliſche Flagge aufgezogen hatte. Demungeachtet gingen wir an Bord, in der Hoffnung, es könne ein Smuggler ſeyn. Der Befehlshaber nebſt allen ſeinen Offizieren und Papieren wurde an Bord des Nimrod geſchickt und das Schiff durchſucht. Aus den Papieren erhellte, daß es ein Caper war, ausclarirt zu Tortola, als Caperſchiff mit einer Kanone und zehn Mann. Da es aber vier Kanonen und einunddreißig Mann am Bord hatte, hielten wir es für zweckmäßig, es anzuhalten und unſerm Commodore (auf dem Cherub) zuzuführen, der uns das Cap Roxo als Rendezvous bezeichnet hatte. Der Caper war ebenfalls dahin beſtimmt; aber demungeachtet nahmen wir ihn ins Schlepptau. Wir vernahmen von dem Befehlshaber dieſes Schiffes, daß er zwei Spaniſche Felukken aufſuche, auf deren eine er bereits Jagd gemacht habe; und daß er beide oder wenigstens eine in Ponce-Bai, einem kleinen unter dem Winde gelegnen Hafen zu finden hoffe.

Nachdem wir die Sloop einige Stunden im Schlepptau fortgeführt hatten, schlugen einige Officiere dem Capitän vor, in der Nacht Böte in die Ponce-Bai zu schicken, und Alles, was sie dort finden würden, zu nehmen. Dieser Vorschlag ward sogleich angenommen, und es ward ein Boot an die Sloop geschickt, um von derselben einen Lootsen herbeizuholen. Dort fand sich Jemand, der sich bereitwillig zeigte, das Geschäft zu unternehmen; er benachrichtigte uns, daß wir zuverlässig in der Bai kleine Fahrzeuge, und höchst wahrscheinlich eine der Spanischen Felukken, oder vielleicht beide finden würden. Wir nahmen daher mit allen Segeln unsere Richtung gegen einen etwa drei Seemeilen vom Lande und der erwähnten Bai fast gegenüberliegenden Felsen, der wegen seiner sonderbaren Gestalt Dead-man's Chest (die Kiste des todten Mannes) genannt wird. Aus der Ferne gesehen, zeigt er eine flache Oberfläche, fast gleich mit der des Wassers; allein in der Nähe nimmt er eine regelmäßige Gestalt an, die einer der ersten Spanischen Seefahrer in diesen Gegenden mit einem Tische, worauf ein Sarg steht, verglichen hat, woher der Fels seinen Spanischen Namen: el Casa di Muerti erhalten hat, welches nichts weiter bedeutet als einen Sarg, von den Engländern aber buchstäblich in Dead-man's Chest (des todten Mannes Kiste) übertragen ist. Die Idee ist melancholisch, auch mir war die Aehnlichkeit auffallend. Wir segelten gleich nach Sonnen lang innerhalb eines halben Cabeltaues Länge vor der Südseite des Felsens vorüber.

Jetzt entstand ein Wetteifer unter der Mannschaft und den Officieren. Jeder erbot sich zu der beabsichtigten nächtlichen Unternehmung, wovon man sich große Erwartungen machte. Die Einfahrt dieses kleinen Hafens wird durch ein mit vier Kanonen besetztes Fort vertheidigt. Die zur Leitung der Expedition bestimmten Officiere waren: Hr. Fitzpatrick, erster Lieutenant, und Hr. Clarence der Zahlmeister nebst dem Lootsen im ersten, Hr. Stevenson, Unterschiffer, im zweiten Boot; — die einzigen Böte, die wir auf unserm Schiffe hatten; ihnen folgte ein kleines Boot des Capers mit Hrn. Edwards, dem Gehülfen des Unterschiffers; in allem zwanzig Mann, bewaffnet mit Flinten, Pistolen und kurzen Säbeln. So verließen sie das Schiff um 9 Uhr Abends, und ließen uns in großer Besorgniß vor dem Ausgange zurück.

Wir erfuhren vom Lootsen, daß die ganze südliche Küste von Porto-Rico ohne Gefahr zugänglich, und jede sonst gefährliche Stelle sichtbar sei. Das Land ist hier ordentlich bewohnt und hat eine große Anzahl trefflicher Häfen für kleine Fahrzeuge. Der Caper hatte häufig Böte ans Land gesetzt, und von den Einwohnern eine Fülle wohlfeiler Lebensmittel gekauft. Die ganze Insel, die eine Länge von 100 Meilen hat, ist ein unermeßlicher Wald, und hat einen Ueberfluß an wildem Hornvieh, Schweinen, Ziegen ꝛc.

Bei Tagesanbruch stiegen unsere Besorgnisse um das Schicksal unserer Böte, als endlich Hr. Edwards an Bord kam, mit der Anzeige, daß er von den beiden andern Böten um Mitternacht getrennt worden sei, ohne sie wiederfinden zu können, und ohne seitdem irgend ein Fahrzeug gesehen zu haben. Diese Nachricht minderte keinesweges unsere Besorgnisse, um so weniger, da man um die mittlere Nachtwache ein großes Feuer an der Küste hatte flammen sehen, auch einige unserer Leute versicherten, daß sie ein Musketenfeuer gehört hätten. Hr. Edwards ward daher an Bord des Caperschiffes abgesandt, mit dem Auftrage, daß es sogleich unter Segel gehen und sich nahe an die Küste legen solle, um sich nach den Böten umzusehen und in allen kleinen Bais nach den etwa dort vor Anker liegenden Fahrzeugen zu forschen. Bei Sonnenaufgang hatten wir die lieblichste Aussicht, die man sich nur denken kann. Das Schiff lag nahe am Sarg-Felsen, der aber bald die düstere Außenseite eines Sarges verlor. Er bildet in der That einen schönen, bis an den Gipfel mit Hölzungen bedeckten Hügel, enthält eine Menge wilder Ziegen, die wir vom Schiffe aus seine steilen Abhänge, umflattert von einer großen Mannichfaltigkeit tropischer Vögel, erklettern sahen. An der andern Seite ergetzte uns der Anblick der hohen Gipfel der Berge von Porto-Rico, die ihr Haupt über die Wolken erhoben, während ihre beschatteten Abhänge im Sonnenscheine eine endlose Mannichfaltigkeit der belebtesten Naturscenen darboten, und uns bedauern ließen, daß eine so große und schöne Insel so schlecht angebaut und so spärlich bewohnt war, denn beides ist kaum mit einem Drittheile des Bodens der Fall. Erst um 10 Uhr gewahrten wir vom Mastkorbe aus unsere Böte, 6 bis 7

Meilen weit unter dem Winde; wir segelten ihnen um 9 Uhr entgegen und trafen endlich zwischen 10 und 11 Uhr mit ihnen zusammen.

Sie hatten, — so berichtete der Lieutenant Fitzpatrick, — ihre Richtung geradezu nach ihrem Bestimmungsorte genommen und die Bai von Ponce untersucht, aber kein Fahrzeug irgend einer Art in derselben gefunden. Bei der Einfahrt in die Bai gerieth eines der Böte auf den Grund, gerade unter der Batterie von vier Kanonen und kaum zwanzig Yards von deren Mündungen. Glücklicherweise lagen die Spanier in so tiefem Schlafe, daß sie von jenem Unfalle nie Kunde erhielten. Nachdem die Bootsmannschaft ihre Forschungen hier geendet hatte, durchsuchte sie eine andere Bai, etwa 6 Meilen weiter unter dem Winde und vertheidigt durch eine Batterie von 6 Kanonen, wo sie eben so unbemerkt blieb, ohne jedoch besseren Erfolg zu haben, als in der Ponce-Bai. Sie würde schon damals zurückgekehrt seyn, hätte sie nicht das dritte Boot vermißt und es aufgesucht. Hr. Stevenson hatte am Ufer die Ueberbleibsel eines Feuers entdeckt, und in der Meinung, das vermißte Boot könne dort gelandet seyn und jenes Feuer angezündet haben, ging er ans Ufer, fand aber bloß, daß eine kleine zum Trocknen der Fische bestimmte Hütte, vor welcher die Einwohner die Nacht hindurch ein Feuer brennen ließen. Er glaubte jetzt, daß das Feuer, wenn es stärker angeschürt würde, Hrn. Edwards zum Signal dienen könne, und ließ daher vertrocknete Cocusblätter anhäufen und anzünden. Die Flamme verbreitete sich mit so reißender Schnelligkeit, daß sie trotz aller Bemühungen der Mannschaft die Hütte, und bald auch die nahen Hölzungen ergriff.

Bei Tagesanbruch setzten die Böte ihre Untersuchungen fort und fragten mehrere Fischer und andere Einwohner vergebens nach dem vermißten Boote. Die Spanier benahmen sich ziemlich freundschaftlich, und verkauften unsern Officieren verschiedne Kleinigkeiten.

Wir segelten jetzt in der Entfernung von zwei Meilen die Küste entlang. Als wir die kleine Batterie an der Ponce-Bai passirten, gaben die Spanier, um uns einen Begriff von ihrer Tapferkeit zu geben, uns einen Kanonenschuß, und wir bemerkten eine große Regsamkeit in ihrem Fort, welches wir jedoch passirten, ohne von ihrem Feuern Notiz zu nehmen, nicht wenig unzufrieden, in ihrem Hafen keine Schiffe gefunden zu haben. Einige Fischer erzählten jedoch unsern Lootsen, es habe vor zwei Tagen eine Felucke die Ponce-Bai verlassen, die sich vermuthlich in einer, weiter unter dem Winde gelegnen Bai noch aufhalte. Hier trennten wir uns von unserm Caper, den wir bis dahin angehalten hatten, und setzten unsern Lauf ohnweit der Küste gegen Westen fort. Nachmittags hatten wir oft Windstille, und dann wieder plötzliche Windstöße, und zwar innerhalb fünf Minuten aus drei bis vier verschiednen Puncten des Compasses. Um 2 Uhr gewährten uns die Gebirge von Porto-Rico ein wahrhaft erhabenes Schauspiel; ihre Gipfel waren in schwarze Wolken verhüllt; während der Regen sich in Strömen an ihren Abhängen ergoß, und unaufhörliche Blitzstrahlen das schwarze Duntef durchzuckten. Immittelst wiederhallten die Thäler von dem furchtbaren Getöse des Donners, der ununterbrochen auf den Berggipfeln rollte. Diese große Scene betrachteten wir in der Entfernung von 3 bis 4 Meilen, während uns zu der nämlichen Zeit die unumwölkte Sonne leuchtete, ein spiegelglattes Meer umfloß, und eine Atmosphäre, wo sich kein Lüftchen regte, uns umgab. Den Caper traf in dem nämlichen Moment, nicht zwei Meilen von uns, ein sehr heftiger Windstoß; — eine zwischen den Wendekreisen nicht seltne Naturerscheinung. Dieß Schauspiel währte länger als eine Stunde, als ein zweites überraschendes Phänomen unsere Aufmerksamkeit erregte. Nie hatte ich zuvor begreifen können, wie sich eine Wasserhose bilde, und freute mich daher der Gelegenheit, solches von Anfang an zu beobachten. Sie begann nahe an unserem Schiffe mit einem Wirbelwinde, der das Wasser in eine schnelle cirkelförmige Bewegung setzte, und einen Strudel mit einer tiefen Senkung im Mittelpunct bildete, der Durchmesser des Strudels mochte etwa acht Yards betragen. Am Umkreise der Senkung begann jetzt das Wasser sich zu heben, Anfangs langsam und in Gestalt eines Schaumes, als es aber eine Höhe von 8 bis 10 Fuß erreicht hatte, stieg es plötzlich bis auf 80 oder 100 Fuß, bildend die Figur eines runden Thurmes von der Dicke eines gewöhnlichen Kirchthurmes, dessen Mauern mit unglaublicher Schnelligkeit sich herumdrehen. Zugleich bewegte sich das Ganze bald in dieser, bald in jener Richtung. Bald verschwand es ganz, und bald bildete es sich in einem Augenblick von Neuen. Eben wollten wir einen Kanonenschuß auf dieß Wassergebäude richten, als es zusammenfiel und nicht weiter gesehen ward.

Um 7 Uhr Abends trafen wir mit dem Cherub wieder zusammen.

Wir setzten am folgenden Tage unsere Küstenfahrt gegen Westen fort und waren um 10 Uhr Morgens auf der Höhe von Guanico, einem kleinen Hafen in einer Bai dieses Namens, wo unsrer Meinung nach die ersehnten Felukken vielleicht liegen konnten. Der Commodore ließ sogleich den Hafen durchsuchen; da wir aber sämmtlich mit der Küste unbekannt waren, wußten wir nicht, wie weit wir gehen konnten. Der Unterschiffer, Hr. Stevenson erhielt Befehl, im Boot die Küste zu sondiren, und ich bat um Erlaubniß, ihn zu begleiten, mit dem Anerbieten einen Plan vom Hafen aufzunehmen, welches angenommen ward. Unser Boot ward bewaffnet, um im Fall, daß ein Fahrzeug im Hafen gefunden würde, solches nehmen zu können. Nachdem wir uns mit dem nöthigen Apparat zur Aufnehmung eines Planes versehen hatten, traten wir unsere Fahrt an. Bald fanden wir die Einfahrt des Hafens zwischen zwei hohen, steilen Felswänden, eine Durchfahrt, kaum eine Viertelmeile breit. Das Land gewährt in der Nähe eine liebliche Ansicht. Auch hier waren die Berge, wie in andern Theilen der Insel, mit Holz bedeckt, aber in dem nämlichen wilden uncultivirten Zustande, worin Columbus sie entdeckte. Nach den nöthigen Sondirungen fuhren wir in die Durchfahrt zum Hafen ein. Sie war etwa eine halbe Meile lang und an beiden Seiten durch hohe Hügel begrenzt, die eine wahrhaft romantische

Aussicht gewährten. Sie führte uns in einen Behälter von süßem Wasser, etwa vier Meilen im Umfange, umgeben von hohen Bergen, und geschützt vor jedem Winde. Jetzt näherten wir uns dem Ufer, wo wir einige Spanier uns in den Büschen auflauern sahen. Da wir aber nur ihrer viere sahen, gingen wir ohne Furcht ans Land. Sie naheten uns dem Anschein nach sehr behutsam und grüßten uns höflich in Spanischer Sprache, den Hut in der Hand. Wir baten sie, sich zu bedecken; jetzt bemerkten wir jedoch, daß sie sämmtlich mit Säbeln bewaffnet waren, und von dem Einzigen, der den Muth hatte, uns anzureden, vernahm ich, daß sie dort als Schildwachen aufgestellt wären. Wir vermutheten, daß sie ihre Feuergewehre und vielleicht noch mehrere Mannschaft im Gebüsche versteckt hätten; und da wir im Begriff waren, durch unsere Leute zum Gebrauche auf dem Schiffe Holz hauen zu lassen, so befahlen wir ihnen, ihre Waffen aus dem Boot zu holen. Beim Anblick unsrer Feuergewehre liefen drei von den vier Spaniern davon; den vierten, ihren Anführer, hielt ich zurück, mit der Versicherung, daß wir keine feindliche Absichten hätten. Jetzt kam ein zweites Boot mit den Capitäns Ravenshaw und Bourchier von unsern Schiffen an, und ich wünschte, von diesem Spanier alle Nachrichten zu erhalten, die er geben konnte.

Obgleich der Fleck, wo wir waren, von der Natur trefflich für Schiffahrt und Handel geeignet ist und einen Hafen hat, in welchem unsere Schiffe leicht und sicher hätten einsegeln und wo hundert Fahrzeuge geschützt vor Anker liegen konnten, so war dennoch kein einziges Haus oder sonstiges Gebäude zu sehen, ausgenommen eine offene Hütte am Strande. Der Spanier versicherte uns, sein Wohnhaus liege vier Meilen von dort; doch glaube ich, daß er uns hiedurch nur abhalten wollte, es aufzusuchen. Ich zweifelte nicht, daß es in den nahen Gebüschen viele Hütten giebt, die wir, mißtrauend den Spaniern jedoch nicht weiter durchsuchen wollten, als zum Einsammeln unseres Holzbedarfs nöthig war. Auch hatten wir mehrere Fischerböte am Strande wahrgenommen, welches uns überzeugte, daß die Gegend bewohnter sei, als man uns versichern wollte. Da wir von dem Spanier nach genauer Befragung desselben nur wenig Kunde, auch weder Geflügel, noch andere Lebensmittel erhalten konnten, ließen wir ihn gehen, lagerten wir uns, und nahmen einige mitgebrachte Erfrischungen zu uns. Hierauf kehrten die Capitäns an Bord ihrer Schiffe zurück, und die Mannschaft begann Holz zu hauen, während ich mich etwas tiefer ins Gebüsch begab, wo ich einen betretenen Weg und Spuren von Pferdehufen fand. Der Weg führte vermuthlich nach der Stadt Guanico, welche nach der Versicherung der Spanier acht Meilen, meines Erachtens aber höchstens zwei bis drei Meilen vom Hafen entfernt ist.

Fruchtbäume sahen wir nicht; doch versicherten die Spanier, daß sie im Innern des Landes in Fülle vorhanden wären. In den Wäldern sahen wir Papagaien, schön gefiederte wilde Tauben und eine Menge kleiner, niedlicher Vogelgattungen, eine Unzahl von Eidechsen und insbesondere eine große Gattung, von den Spaniern Guana genannt. Das Aeußere dieses Thiers erregt Schrecken, da sie 2 bis 4 Fuß lang sind und einem jungen Crocodille gleichen; sie bewegen sich mit ungemeiner Schnelligkeit, sind übrigens aber ganz unschädlich. Die Einwohner essen sie und halten sie für einen großen Leckerbissen. Die Papagaien, — durchgehends von der großen, grünen Gattung, — werden gleichfalls gegessen. Die Einwohner, mit denen wir sprachen, wollten uns weder Lebensmittel noch Gegenstände unsrer Neugier überlassen, und ich begann zu fürchten, daß sie sich bloß deßwegen entfernt hätten, um Verstärkung herbeizuholen und uns von den Wäldern aus anzugreifen, wo sie uns viel Unheil zufügen konnten, ohne selbst Gefahr zu laufen. Wir beschleunigten daher die Vollendung unsrer Geschäfte und kehrten an Bord des Schiffes zurück.

Am 3. Mai ankerten wir dem Cap Roxo gegenüber, wo der Cherub sich von uns trennte, um gegen Süden zu kreuzen. Unser großes Boot, bewaffnet mit einer Kanone und mit den nöthigen Lebensmitteln versehen, ward, begleitet von einem andern Boote des Cherubs unter dem Befehl des Lieutenants Browne und des Zahlmeisters, Hrn. Clarance, abgeschickt, um acht Tage lang in der Durchfahrt von Mona zu kreuzen.

Am 8. machten wir Jagd auf einen Schooner, den wir aber bald für ein Englisches, nach Curaçao bestimmtes Fahrzeug erkannten. An dem nämlichen Tage trafen wir die Fregatte Galathea, von deren Mannschaft wir vernahmen, daß sie unsern Böten begegnet sei, welche sie für ein Kauffahrteischiff gehalten und Jagd auf sie gemacht hatten.

Auch vernahmen wir von der Mannschaft, daß fünf Böte, zum Melampus und zwei anderen Schiffen gehörig, in einen Spanischen Hafen in der Durchfahrt von Mona abgeschickt wären, um einige Schiffe, die sie dort gesehen hatten, herauszuholen, daß aber das Unternehmen mit Verlust von zwei Officieren und neun Mann, die durch das Feuer der Batterien getödtet waren, mißglückt sei.

Am 9. trafen wir wieder auf den Cherub, der inmittelst den Französischen Schooner, La Vaillante, bloß mit Drehbassen und Musketons bewaffnet, genommen hatte; die gesammte Mannschaft, einen Todtkranken ausgenommen, hatte das Schiff verlassen und alle Papiere mitgenommen, ausgenommen das Signalbuch, woraus man den Namen des Schiffs sah und welches in der Folge von Nutzen seyn konnte.

Am 10. kehrten unsere Böte nach Vollendung ihrer Kreuzerfahrt zu uns zurück. Sie waren an mehreren Orten der Küste gelandet und brachten uns ziemlich genaue Nachrichten über das Land, seine Bewohner, Häfen ꝛc. Bei einer ihrer Landungen stießen sie auf eine Anzahl Spanischer Hütten, deren Bewohner bei ihrer Annäherung flohen, weil sie, wie es schien, oft von den Mannschaften der Kriegsschiffe geplündert und dadurch furchtsam geworden waren. Man ließ sie ungehindert so viel wilde Ochsen schießen, als sie bedurften. Als sie aber zum zweitenmal ein Gleiches versuchen wollten, wurden sie von bewaffneten und berittenen Spaniern angegriffen und an den Strand zurückgetrieben. Sie setzten ihre Fahrt südwärts fort, gingen zu Zeiten ans Land, um sich Lebensmittel zu verschaffen, schliefen aber jede Nacht in ihren Böten, wo einst, als sie dem Lande zu nahe geblieben waren, auf sie geschossen ward. In der Bai Margarie, — der nämlichen, wo die Böte des Melampus vor wenig Tagen so schlechten Erfolg gehabt hatten, — bemerkten sie zwei Barken und eine Felukke vor Anker, konnten aber wegen der Batterie von acht Kanonen, wodurch die Einfahrt vertheidigt ward, nichts unternehmen, als die Sondirung des Canals. Wegen Wassermangel gingen sie am nordwestlichen Ende von Porto-Rico nach Aufziehung einer Stillstandsflagge ans Land. Der Commandant nahm sie höflich auf, lud sie in seine Wohnung ein und bat die gelandeten Officiere zum Mittagsessen. Er war ein Plantagen-Besitzer und schien auch in der Umgegend des Platzes obrigkeitliche Gewalt zu besitzen, da eine Anzahl bewaffneter, größtentheils schön berittner Spanier sich vor seinem Hause versammelte. Ein Negermädchen, die etwas Englisch sprach, diente zur Dollmetscherin. Nach dem Mittagsessen äußerte der Commandant unsern Officieren den Wunsch, daß sie wieder abfahren möchten, da er stündlich den General-Capitän erwarte und nicht rathsam finde, daß dieser sie am Lande sehe. Bei der Rückkehr fanden sie auf ihren Böten eine fette Ziege und einen kleinen Vorrath von Milch, welchen der gastfreie Commandant für sie geschickt hatte. Vier Meilen südwärts landeten sie an der unbewohnten Insel Zacches, wo sie eine Menge Ziegen fanden, und von niemandem gestört wurden, welches ihnen um so erwünschter war, da es die Mannschaft anzugreifen be-

ganz, daß sie Tag und Nacht auf den Böten zubringen mußte. Sie blieben die Nacht auf der Insel und nahmen dann eine südliche Richtung, bis sie uns trafen.

Am 14. bei Tagesanbruch landeten wir zum zweitenmale an dem sogenannten Sargfelsen. Da wir den Fuß desselben kaum eine Viertelmeile von uns entfernt glaubten, beschlossen wir, uns durch das Dickigt einen Weg dahin zu bahnen. Mich begleiteten zwei Officiere und zwei Matrosen mit Beilen und kurzen Säbeln. Aber bald fanden wir, das wir die Schwierigkeiten unserer Unternehmung nicht genau berechnet hatten. Nachdem wir uns auf Kosten unserer Haut eine Stunde lang einen Weg durchs Gebüsch gebahnt hatten, befanden wir uns dem Anscheine nach noch eben so weit als zuvor vom Berge entfernt. Dieß entmuthigte uns nicht wenig, da wir durch unsere Anstrengung aufs Aeußerste ermattet waren und überdieß schwere Flinten und Patrontaschen zu tragen hatten, auch das Hinwegräumen des Gebüsches uns unaufhörliche Mühe machte. Nichts destoweniger setzten wir unsere Anstrengungen fort; und schon hatten wir das Vergnügen, an der jenseitigen Küste der Felseninsel fast unter unsern Füßen das furchtbare Getöse der Brandung zu vernehmen. Jetzt rafften wir alle unsere Kräfte zusammen und gelangten auf einen guten Pfad längs der Seeküste, als Capitain Bourchier sich so erschöpft fühlte, daß er nicht weiter konnte. Ich vermochte den Zahlmeister, unserer Ermattung ungeachtet, mit mir einen Versuch zur Ersteigung des Berges zu machen. Zum Pfade erwählten wir das Bette eines Gießbachs und stiegen über große

Felsmassen hinweg, die am Rande des Abgrundes lagen und mit uns hinabzurollen drohten. Wir erreichten jedoch glücklich eine Anhöhe auf der Hälfte des Bergabhanges; aber unsere Erschöpfung war groß und es befiel mich ein so heftiger Kopfschmerz, daß wir uns entschließen mußten, umzukehren; doch wählten wir zum Rückwege nicht den steilen waldigen Felsabhang, sondern den bequemeren Umweg, den Strand entlang. Bei unsrer Rückkehr begleiteten wir den Capitain auf eine kleine Insel, die den äußersten Punct des Sargfelsens bildet und von demselben nur durch einen mit Wasser bedeckten Felsriff getrennt ist. Es gleicht aus der Ferne einem grünenden Felde; auch fanden wir es beim Landen mit Meerfenchel (samphire) bedeckt, umflattert von mannichfaltigen Vögeln, unter andern bemerkten wir auch eine große Menge Pelicane; doch vergebens schossen wir nach ihnen, da unsere Flintenkugeln von zu geringem Caliber waren. Nachdem wir einige Corallen und Muscheln gesammelt hatten, kehrten wir äußerst erschöpft an Bord zurück, und nahmen aufs neue unsere Richtung nach dem Cap Roxo.

Nachmittags um 4 Uhr sahen wir südwärts einen Schooner, welchem wir sogleich die Pinasse des Cherub mit sechs Mann nachschickten, um ihn zu beobachten, während wir selbst drei Stunden lang Jagd auf ihn machten; allein in der Dunkelheit der Nacht entkam er uns.

Am 16. fingen wir in weniger als einer halben Stunde vier schöne Meerschweine. Ein unbeschreiblich überraschendes Schauspiel gewähren diese Thiere im Sterben burch die Folgereihe wechselnder glänzenden Farben, die sie nacheinander annahmen. Am auffallendsten sind die Gold- und Silberfarben, die der Fisch um den Kopf herum wechselnd annimmt; sie übertreffen die schönste Vergoldung, die ich je sah. Der Purpur der Floßfedern übertrifft gleichfalls alle Farben, die man durch Kunst bereiten kann. Der Fisch ist 3 bis 4 Fuß lang und ein sehr gutes Nahrungsmittel. Häufig springt er aus dem Wasser hervor, und sehr unterhaltend ist es, ihn zu beobachten, wenn er seine Beute verfolgt.

Am 17. um Mitternacht entdeckten wir, daß ein zweimastiges Schiff neben uns hersegelte, welches wir anfangs für den Chernb hielten; doch wurden wir bald aus diesem Irrthum gerissen, indem es sich wandte und mehrere Segel aufspannte. Jetzt glaubten wir, es sei eine von den lange ersehnten Französischen Kriegsbriggs. Sogleich ward Alles in Bereitschaft gesetzt, sie gehörig zu empfangen. Nach einstündiger Jagd sahen wir das fremde Schiff anscheinend bereit zur Vertheidigung, innerhalb Pistolenschußweite vor uns liegen. Unsere Kanonen waren schußfertig, die Mannschaft auf ihrem Posten, und es fehlte nur das Commandowort, um unserm Gegner eine volle Lage zu geben, als wir bei unsrer Annäherung bemerkten, daß es ein Schooner von verdächtigem Aeußeren sei; und da wir wußten, daß ein Spanischer Caper, der nach der Beschreibung diesem Schiffe gleichen mußte, mit vierzehn Kanonen bewaffnet und wohlbemannt war, in diesen Gewässern kreuze, so behielten wir unsere drohende Stellung, in der Voraussetzung, unser Gegner möchte, bevor er unsere Ueberlegenheit wahrnehmen konnte, uns eine volle Lage geben. Nachdem wir ihn angerufen und namentlich gefragt hatten, woher das Schiff komme und wohin es bestimmt sei? erhielten wir nach anscheinend verwirrungsvollem Zögern die Antwort: von La Guyara nach Trinidad. Diese abgeschmackte Antwort ward auf eine solche Weise gegeben, daß wir uns überzeugten, es sei ein feindliches Schiff. Man trifft so selten andere Schiffe, als Caper, daß wir keinen Zweifel hatten, auch dieß Schiff gehöre in diese Classe. Es wurden daher sogleich zwei Böte bemannt und bewaffnet; in wenig Minuten war das fremde Fahrzeug erstiegen und die Marine-Soldaten auf dem Hintertheil aufgestellt, um im Fall des Widerstandes die Enternden zu decken. Der Lieutenant Browne erstieg zuerst das feindliche Schiff und benachrichtigte uns zu unsrer großen Freude, es sei der Spanische Schooner Esther mit einer Ladung Häute, Cacao und Indigo von La Guyara nach Teneriffa bestimmt. Weder die Officiere, noch die Mannschaft des genommenen Schiffs schienen über diesen plötzlichen Glückswechsel betroffen zu seyn. Als unsere Officiere es erstiegen, lag der Capitain mit seinem Unterschiffer ruhig an der Spitze der Mannschaft und rauchte seine Cigarre.

Das Schiff war in sehr gutem Zustande und mit Kupfer beschlagen; in der Cajüte fanden wir etwas guten Wein, eingemachte Früchte und mancherlei dienliche Artikel für die Tafel. Unter den vorgefundnen Papieren befanden sich einige Regierungsdepeschen und viele Privatbriefe. – Bei der Durchsicht der Factur zeigte der

Capitain auf ein Verzeichniß verschiedner Artikel, die sich auf tausend Piaster beliefen und rief dabei mit einigem Nachdruck aus: „Diese Artikel waren mein." Dann fügte er mit Kopfschütteln sehr kaltblütig hinzu: „Das Schicksal des Krieges hat es nicht anders gewollt;" und nachher nahm er nicht weiter Notiz von der Sache.

Mittags den 18. machten wir auf der Höhe vom Cap Roxo Jagd auf einen Schooner, den wir innerhalb zwei Stunden aufbrachten. Es fand sich, daß es das Lichterschiff der Brigg Start war, die einige Zeit in der Durchfahrt von Mona gekreuzt hatte.

Am 21. trafen wir mit dem Cherub wieder zusammen, der auf seiner Kreuzerfahrt bis nach St. Domingo auf verschiedne Schiffe Jagd gemacht, aber keines genommen hatte. Beide Schiffe fuhren hierauf fort, auf der Höhe von Cap Roxo zu kreuzen.

Am 23. bei Tagesanbruch machte der Cherub uns ein Zeichen, daß ein feindliches Schiff nahe, und bald sahen wir eine Brigg vor dem Winde heransegeln. Als wir Jagd auf sie machten, lief sie in den Umkreis eines weiten, gefährlichen Corallenriffs ein, wohin unsere Schiffe ihr nicht folgen konnten, und um 7 Uhr Morgens sahen wir sie auf den Strand laufen. Unsere Mannschaft war auf ihren Posten, in der Voraussetzung, daß es ein Kriegsschiff sei; doch bei der Annäherung fand sich, daß es ein Caper unter Französischer Flagge sei. Unsere Böte wurden sogleich bemannt und bewaffnet, um die Brigg anzugreifen. Inzwischen legten wir uns dem Riff gegenüber vor Anker. Die Durchfahrt zwischen den Felsen war eben so schwer als gefährlich, und sobald die Böte der Brigg gegenüber waren, begann diese auf sie zu feuern. Dieß ward vom Schiffe erwiedert, und bald ward das Feuer der Brigg zum Schweigen gebracht und die Spanische Mannschaft genöthigt, sie zu verlassen. Jetzt näherten sich ihr auch unsere Böte, die ebenfalls auf sie gefeuert hatten. Die Mannschaft der Brigg eilte in ihr Boot, nachdem sie ihre Kanonen vernagelt und soviel von ihren Sachen, als die Zeit erlauben wollte, mitgenommen hatte. Jetzt ward unverzüglich von der Brigg Besitz genommen, die mit Cacao stark beladen und mit zwei langen Sechspfündern, vier Haubitzen und einer großen Anzahl Musketons beladen war. Eines unser Böte verfolgte das feindliche ans Land; die Mannschaft floh, nahm mit sich, was sie konnte; das Uebrige fiel uns in die Hände. Die Ausrüstungsweise der Brigg zeigte deutlich, daß es ein Caperschiff war. Kein einziges erhebliches Papier fiel uns in die Hände, ausgenommen das Schiffstagebuch, woraus hervorging, daß es von Cumano nach Barcelona bestimmt war. Da wir vom Schiffe aus wahrgenommen hatten, daß von beiden Seiten eine Anzahl Musketenschüsse gefallen waren, vermutheten wir, daß einige unserer Leute verwundet seyn würden; ich ward daher in einem Boote abgeschickt, wo nöthig Beistand zu leisten. Die Capitaine Bourchier und Ravenshaw gingen an Bord der Prise, um die zweckmäßigsten Mittel ausfindig zu machen, sie vom Grunde und was noch schwieriger war, aus dem

Umkreise des Felsriffs zu bringen. Wir waren nicht wenig erfreut, keinen unsrer Leute verwundet und die Prise beträchtlicher zu finden, als wir erwarteten. Nie sah ich ein so schmutziges und widriges Fahrzeug. Fast erstickte uns der Knoblauchduft, und kaum konnten wir begreifen, wie die Spanier in solchem Unrath hatten leben können. Bevor sie die Brigg verließen, hatten sie sich bemüht, das Schiff leck zu machen; aber die Oeffnung ward von unsern Leuten bald entdeckt und verstopft. Jetzt versuchten wir, es dadurch vom Grunde zu bringen, daß wir am Hintertheil ein Anker auswarfen und mit allen unsern Kräften das Ankertau anzogen. Da dieß nicht glückte, warfen wir zu gleichem Zwecke einen zweiten Anker aus und zogen wechselnd an beiden Ankertauen. Als auch dieß nichts half, suchten wir das Schiff zu erleichtern durch Ausladung der Kanonen, Anker ꝛc. Dieß kostete uns ein Boot, einen Anker und eine Kanone, da die beiden letzteren Gegenstände für das Boot, worin sie verladen wurden, zu schwer waren, mit demselben versanken. So erleichtert, begann das Schiff sich zu bewegen, und nachdem wir die Mannschaft wechselnd von einer Seite des Verdecks zur andern laufen ließen, wodurch wir das Schiff beständig in einer wiegenden Bewegung erhielten, gelang es uns endlich es flott zu machen. Der mühvollste Theil unseres Geschäfts war jetzt vollendet, aber der gefährlichste war noch übrig, nämlich der, das Schiff durch einen furchtbaren Felsriff zu bringen, der selbst unsern Böten nur mit Mühe eine Durchfahrt gewährte. Nachdem wir unsern Leuten eine Viertelstunde Erholung verstattet hatten, begannen wir ein Unternehmen, wobei wir sämmtlich interessirt waren, da wir in einem Augenblick verlieren konnten, was wir so mühvoll und nicht ohne Gefahr errungen hatten; denn wenn die Spanier nur einigermaßen bedachtsam gewesen wären, so hätten sie uns großes Unheil zufügen können, ohne selbst etwas dabei zu wagen. Wir befanden uns innerhalb Pistolenschußweite von der Küste, die mit Holzungen bedeckt, und ziemlich bevölkert war. Das kleine Caperschiff, der von uns genommene Schooner, war zu unserer Hülfe herbeigekommen, und ward nebst zwei Böten, deren eines meiner Führung anvertraut war, ward abgeschickt, die beste Durchfahrt zwischen den Felsen durch Sondiren zu erforschen; die übrigen Böte wurden gebraucht die Prise zu bugsiren. Am ersten Riff fanden wir mit Mühe eine Durchfahrt, weit genug für die Brigg, aber mit so vielen Windungen, daß sie unaufhörlich hin und her gewandt werden mußte, um die Felsen zu beiden Seiten, die sämmtlich unter Wasser waren, und von den Böten bezeichnet wurden, zu vermeiden. Der Schooner passirte die Durchfahrt in einer halben Stunde; nachdem das Schiff ein oder zweimal auf den Grund gerathen war, legte es nach Verlauf einer halben Stunde die erste Durchfahrt zurück. Jetzt mußten wir das Schiff zwei Meilen weit, gegen den Wind bugsiren, und dann blieb uns noch eine zweite Durchfahrt, schwieriger als die erste. Nachdem wir fünf Meilen weit uns zwischen versunknen Felsen mit unendlichen Gefahren einen Weg gesucht hatten, waren wir endlich so glücklich, tiefes Wasser zu erreichen und uns außer Gefahr zu sehen. Der Cherub, der die ganze Zeit aber unter Segel gewesen war, näherte sich uns und wir nahmen am Bord desselben mit dem Capitän Ravenshaw ein Mittagsessen ein, wobei wir uns von unserer ausgestandenen Mühe und Beschwerlichkeit erholten.

Am 23. trennten wir uns vom Cherub und gingen mit unsern Prisen nach St. Thomas unter Segel. Gegen Sonnenuntergang hatten wir zwei Schiffe entdeckt; doch da wir nicht geneigt waren, unsere Prisen zu verlassen, ward nicht Jagd auf sie gemacht. Um 9 Uhr Abends näherten sie sich uns mit anscheinender Kaltblütigkeit und Entschlossenheit. Das eine Schiff erkannten wir für eine sehr große Brigg; wir riefen sie an und fragten nach ihrem Namen und ihrer Bestimmung. „Die königliche Brigg der Herold, kommt heran, oder wir feuern auf euch," war die Antwort. Da wir wußten, daß es keine Brigg dieses Namens in der königlichen Marine giebt, so ward unser schon gefaßter Verdacht, daß das Schiff feindlich sei, hiedurch bestätigt, und da die Brigg sehr schnell herbeisegelte, wandten wir uns, so, daß wir zwischen die beiden Schiffe kamen. Inmittelst that die Brigg einen Schuß auf einen unserer Schooner, um ihn herbeizubringen. Ein voreiliger Officier würde wahrscheinlich alle weitere Erklärung seinen Kanonen überlassen haben; aber Capitän Bourchier beschloß, zuvörderst genau zu untersuchen, ob die Brigg feindlich sei, bevor er ein Treffen begänn. Wir brahten daher der Brigg, ihr eine volle Lage zu geben, falls uns nicht deutlichere Antworten ertheilt würden. Da die Antworten immer noch ausweichend waren, gaben wir ihr einen Kanonenschuß, der die erwünschte Wirkung hatte.

Wir erfuhren nämlich, daß beide Schiffe Englische Westindienfahrer seien, die Caperbriefe am Bord hatten und nach Jamaica bestimmt waren. Es ward hierauf ein Boot an Bord der Brigg geschickt, um einige ihrer Matrosen zu pressen; auch brachte der Befehlshaber und seine Papiere zur Durchsicht. Es wurden fünf Matrosen gepreßt, wogegen der Schiffsbefehlshaber dringende Vorstellungen beim Capitän Bourchier machte, der ihm auf sein Bitten drei der gepreßten Seeleute zurückschickte und beide Schiffe ihre Fahrt fortsetzen ließ.

Am 28. passirten wir das westliche Ende der Insel St. Croix, die von der See aus eine reizende Ansicht gewährt; jeder Erdfleck ist trefflich angebaut, so daß die Insel mit Recht der Garten von Westindien genannt wird. Mitten im Hintergrunde einer großen Bai an dieser Seite der Insel zeigt sich Friedrichsstadt, eine Stadt von mäßigem Umfange mit vielen guten, aber eben nicht großen Gebäuden. Die Landhäuser in ihrer Umgebung sind mit vielem Geschmacke angelegt; insbesondere bemerkten wir eines im Norden der Stadt, dergleichen man selten in Westindien antrifft. Die sehr zahlreichen Negerhütten sind weit schöner, als ich sie je sah, und in vier Reihen an einem sanften Abhange dergestalt erbaut, daß keine derselben versteckt ist und sie sämmtlich das Ansehen zierlicher Europäischer Tagelöhnerhütten haben; könnte man dabei den Gedanken hegen, daß sie von freien und glücklichen Bauern bewohnt würden, so würde die Scene einen wahrhaft erfreulichen Anblick gewähren; aber die eiserne Hand der Sclaverei wirft einen düstern Schatten auf die bezaubernsten Ansichten dieser Regionen, wo man ruhige Zufluchtsörter der Unschuld und Tugend zu sehen wünscht, erblickt man nur Heerden von Nebenmenschen, im verworfensten Zustande des Elends, und so weit erniedrigt, daß sie sich selbst für eine untergeordnete Classe auf der Stufenleiter der Schöpfung halten.

Nachmittags um 4 Uhr ankerten wir außerhalb des Hafens von St. Thomas und begaben uns in die Stadt, gelegen im Hintergrunde einer tiefen, von hohen Hügeln umgebenen Bai. Von der See aus gesehen, bildet sie ein herrliches Amphitheater, da die Berge sich fast senkrecht hinter der Stadt erheben und bis an den Gipfel angebaut sind. Vom Ufer aus ist der Anblick der Stadt nicht so anziehend; die Hitze ist dort ungemein drückend, da der Wind durch die umliegenden Hügel aufgefangen wird, überdieß bietet die Stadt, da sie neuerlich zwei große Feuersbrünste erlitten hat, einen dem Auge nicht wohlthuenden Anblick der Zerstörung dar. Die vornehmsten Kaufleute haben ihre Häuser und Vorrathsgebäude von gehauenen Steinen und Ziegeln wieder aufgebaut und zwar auf eine so solide Weise, daß sie dem Feuer widerstehen können; allein die dicken steinernen Mauern und die mit eisernen oder kupfernen Platten beschlagnen Thüren haben in einem Lande, wo man stets die möglichst leichte Bauart vorzieht, ein plumpes, schwerfälliges Ansehen.

Am folgenden Morgen lichtete das Schiff die Anker und segelte nach Black-rock, 8 bis 10 Meilen unter dem Winde vom Hafen von St. Thomas. Nachdem ich bis nach eingenommenem Frühstück in der Stadt verweilt hatte, folgte ich dem Schiffe in einem kleinen vierrudrigen Cutter und fand es vor Anker in einer tiefen Bai, wo es sich mit Wasser versah, welches im Hintergrunde eines unangebauten Thales geschöpft wird, über welchem sich ein sehr hoher Berg fast senkrecht erhebt.

Das Thal und die Abhänge des Berges sind mit einer unermeßlichen Mannichfaltigkeit von Bäumen und Sträuchen, zum Theil von seltner Schönheit, bedeckt. Unter andern zog die Aloe unsere Aufmerksamkeit auf sich; sie wuchs dort in großer Fülle und stand größtentheils in der Blüthe. Einige waren von einer Gattung, die ich nie zuvor sah; sehr groß und mit hochrothen Blättern und gelb und weißen Blüthen. Es giebt hier noch eine andere Gattung mit gelben Blüthen, die eine Höhe von 20 Fuß erreicht. Sie würde in einem Englischen Gewächshause als eine sehr große Seltenheit betrachtet werden, und ist unbezweifelt die prachtvollste Pflanze, die mir je zu Gesichte kam. Der Baum, bekannt unter dem Namen: Schlangenholz (Snake-wood) wächst hier in großer Menge; es ist ein schönes Gesträuch mit großen weißen Blüthen, nicht unähnlich den Lilien. Es verbreitet einen lieblichen Geruch und würde gleichfalls für einen Europäischen Kunstgarten eine große Zierde seyn. Am meisten beschäftigte meine Einbildungskraft die wilde Ananaspflanze, wie sie hier genannt wird; sie gehört zu den Merkwürdigkeiten des Pflanzenreichs. Ich hatte diese Pflanzen in großer Menge an den Büschen hängen sehen, und vermuthete anfangs, daß sie durch den Wind oder durch die Neger zufällig dahin geworfen wären; allein ich fand bei näherer Untersuchung, daß dieß der Ort sei, welchen die Natur zu ihrem Anwachs bestimmt hat. Ihre Wurzeln, bestehend aus langen grünen Fasern, sind dicht um einen schmalen Zweig gewickelt, der ihnen einzig zur Stütze dient, so daß es scheint, als ob sie durch Kunst daran befestigt wären. Die Wurzeln sind verhältnißmäßig zur Größe der Pflanze sehr klein; diese ist eine Gattung der Aloe, — der Ananaspflanze an Gestalt und Jacht vollkommen ähnlich, wenn gleich kleiner. Ich konnte nicht erfahren, ob sie irgend eine Frucht hervorbringt; doch sah ich mehrere derselben blühen. Die Blüthe ist weiß, der Stamm etwa einen Fuß hoch und von schöner Form, wie alle Gattungen der Aloe; auch wird gleich ihnen die Pflanze durch junge Schößlinge aus den Wurzeln fortgepflanzt. Ich bemerkte eine Anzahl rankender Pflanzen, untermischt mit andern die dem Geisblatt glichen und von denen einige die schönsten Blumen trugen. Sehr häufig waren hier die sogenannten Krebsaugen; — eine Pflanze, worauf die kleinen rothen Erbsen wachsen, die von den Negern als Perlen getragen werden; sie haben eine schöne gefüllte Blüthe. Der einzige Fruchtbaum, den ich fand, war die Annona muricata Linn.; die Frucht hat eine sehr angenehme Säure und ist ein treffliches Mittel gegen den Durst.

Jetzt bestieg ich den Berg, dessen Aufgang Spuren eines zwar nicht fahrbaren, wohl aber für Pferde und Maulthiere brauchbaren Pfades zeigte. Ich verfolgte diesen Pfad, so weit die Sonnenhitze, welcher die Bergseite ausgesetzt war, an welcher es hinaufführte, es mir gestattete

tete. Auf der Hälfte des Weges bis zum Gipfel entdeckte ich ein kleines Haus, wo ich ermüdet einkehrte. Es gehörte zu einer kleinen Zuckerpflanzung und ward bewohnt von dem Aufseher derselben, einem jungen Manne nebst seiner Gattin, einer liebenswürdigen jungen Dänin. Man nahm mich gastfreundlich auf, brachte mir Erfrischungen und zeigte mir die Fabricationsanstalten. Ich war erschöpft und sehnte mich nach Schlaf; kaum bemerkte dieß das gastfreie Ehepaar, als es mir ein Bette anbot. Da ich seit Tagesanbruch bis um 2 Uhr Nachmittags herumgewandert war, nahm ich mit Vergnügen ein Bette an, woraus sich meine schöne Wirthin so eben erhoben hatte, und wo ich zwei Stunden lang eines erquickenden Schlafs genossen hatte, als ich zum Mittagessen geweckt ward. Nachdem ich ein häusliches Mahl mit der Familie zu ihrem unverkennbaren Vergnügen eingenommen hatte, begleitete mich der junge Mann bergabwärts bis zu dem Orte, wo die Mannschaft unserer Böte immer noch beschäftigt war, Wasser zu schöpfen. Es ist ein trefflich für diesen Zweck gelegener Thalgrund; ein schöner, klarer Felsbach rieselt, viele kleine Wasserfälle bildend, vom Gipfel des Berges herab. Einer dieser Wasserfälle ist dem Meeresrande so nahe, daß man die Wasserfässer bloß hinunter zu rollen braucht, um sie schnell gefüllt zu sehen, und sie dann ohne weitere Mühe unmittelbar wieder an Bord bringen kann.

Während dieß Geschäft am folgenden Tage fortgesetzt ward, bestieg ich den Gipfel des Berges, und zwar an einem fast perpendiculären Abhange, der mich mit Hülfe ei-

'nes des Pfades kundigen Negers, wiewohl nicht ohne Ermüdung und Schwierigkeit, in weniger als vier Stunden zum Gipfel führte. Allein ich fand mich durch die weite, sich meinen Blicken darbietende Aussicht reichlich für meine Anstrengungen belohnt. Unser ankerndes Schiff erschien zu meinen Füßen gleich einer kleinen Pinasse und die Böte waren fast unbemerkbare, auf der Oberfläche des Wassers schwimmende Fleckchen. Der Anblick des Meers mit den nahen Inselgruppen war ein bezauberndes Panorama. Die hohen blauen Gebirge von Porto-Rico begrenzten die Aussicht in Westen und raubten mir den Anblick der untergehenden Sonne. Der ganze Canal zwischen St. Thomas und Porto-Rico ist mit einer Menge von Inseln besät und gewährt einen äußerst prachtvollen Anblick. Die Höhe des Berges rechnete ich auf 2000 Fuß; doch gab es im Osten meines Standpuncts noch höhere Berge. Ihre Abhänge waren durchgängig mit Zuckerpflanzungen bedeckt und das Land ohnweit des Gipfels ward von den Negern zu ihrem eigenen Gebrauche angebaut; sie ziehen hier süße Kartoffeln, Erbsen, Korn u. s. w., und bringen, was sie nicht selbst verbrauchen, Sonntags, dem gewöhnlichen Markttage in allen Westindischen Inseln, zu Markte.

Auf einem hohen Felsstück sitzend, genoß ich dieses bewundernswürdigen Schauspiels, bis die Sonne ziemlich weit unter den Horizont hinabgesunken war und das blässere Licht des aufgehenden Mondes die mich umgebenden Gegenstände mit neuen Tinten gefärbt hatte. Der Horizont war jetzt beengter, die fernen Inseln verschwanden, und immer undeutlicher ward jeder Gegenstand zu meinen Füßen. Dennoch bot die Scene so viele anziehende Gegenstände dar, daß ich die Länge meines Rückweges zum Schiffe fast vergessen hätte. Aber mein Führer, der an diesen Scenen weniger Geschmack fand, ließ einen Wink fallen, daß er sich nach der Heimkehr sehne; denn, bemerkte er, wenn ich die Absicht hätte, die ganze Nacht hier zu weilen, würde ich ein sehr hartes Bett finden. Da dieß keinesweges in meinem Plan lag, begannen wir ohne Zeitverlust bergab zu gehen. Dieß war fast eben so ermüdend als der Aufgang, und obgleich wir in spitzen Winkeln bergab gingen, so war doch der Abhang so schroff, daß uns der Rückweg sehr schwer ward. Auf der kleinen Zuckerpflanzung, die ich Tages zuvor besucht hatte, kehrte ich ein, und entließ meinen Führer. Die kleine Familie war in der Gallerie versammelt und betrachtete die Naturscene; sie war nicht wenig verwundert über meine Erscheinung bei so später Tageszeit. Nachdem ich einige Erfrischungen genossen hatte, brachte ich eine Weile mit diesen guten Leuten in der Gallerie zu, von wo aus die Aussicht trefflich ist. Das Haus liegt sehr angenehm, etwa 6—700 Fuß über der Meeresfläche erhaben, und gewähret einen entzückenden Anblick des Thals und der See bis in weite Fernen. Zehn Meilen weit von der Insel sieht man im Meer einen Felsen, der in seiner Gestaltung große Aehnlichkeit mit einem Schiffe hat, so, daß man schon sehr nahe seyn muß, um sich mit unbewaffnetem Auge zu enttäuschen. Die Seeleute nennen ihn daher den Segelfelsen (Sail-rock); allein die Einwohner von St. Thomas nennen ihn den Franzosen-Felsen (Frenchman's-rock) und erzählen ein sonderbares Abenteuer, das sich, in Beziehung auf ihn, zugetragen haben soll. Als nämlich im Americanischen Kriege eine Französische Fregatte in diesen Gewässern kreuzte, traf sie Nachts auf diesen Felsen, und da die Mannschaft ihn für ein Schiff hielt, rief sie den muthmaßlichen Gegner an, und der Ruf ward vom Felsen durch ein lautes Echo wiederholt, worauf der Französische Capitän, nach mehrmaliger Erneuerung des Rufes dem Felsen eine volle Lage gab. Dieser gab nicht nur den Donner des Geschützes, sondern auch einige Kugeln zurück, die von seiner senkrechten Seite an Bord der Fregatte zurückprallten. Dieß überzeugte die Franzosen, daß sie auf ein Englisches Kriegsschiff gestoßen seien, und ungesäumt begann ein noch heftigeres Kanonenfeuer, welches ununterbrochen bis zum Anbruch des Tages fortgesetzt ward, da sie denn die kränkende Entdeckung machten, ihr Feind sei aus einem Material geformt, welches ihren Einwirkungen Trotz biete, und nach nutzlos verschwendeten Anstrengungen abzuziehen genöthigt waren.

Man sieht von jenem Pflanzer-Hause herab mehrere kleine Inseln, hier Schlüssel (keys) genannt und die hin und wieder zwischen denselben umhersegelnden Schiffe. — Entzückend war diese Mondscene; aber hätte auch dieser Genuß mir nicht gewinkt, so würden mir schon die gefälligen Aufmerksamkeiten dieser kleinen Familie äußerst anziehend gewesen seyn. Man bot mir alles Mögliche, was meine Neugier befriedigen, oder zu meiner Bequemlichkeit beitragen konnte, und bewirthete mich unter andern mit Früchten, die einem von der See kommenden Reisenden das trefflichste Mahl gewähren. Meine gute Wirthin hatte gelegentlich großes Verlangen nach einem Affen geäußert, und da wir deren mehrere an Bord hatten, so hatte ich schon Frühmorgens der Dame einen derselben, nebst etwas gesalzenem Fleisch und einigen andern Kleinigkeiten, vom Schiffe aus überschickt. Jetzt fand ich diesen Affen schon in großer Gunst bei der Familie, der dieß Geschenk sehr angenehm gewesen war. In ihrem abgeschiedenen Aufenthalte sehen diese guten Leute äußerst selten Fremde, und es muß ihnen daher einen großen Genuß gewähren, zu Zeiten zu vernehmen, was in der Welt vorgeht, die sie nur von Hörensagen zu kennen scheinen. Ihre Gesellschaft war mir so angenehm, daß ich nicht ehr an die Rückkehr dachte, als bis ich den Retraiteschuß vom Schiffe, dem Donner gleich widerhallend zwischen den Felsen zu unsern Füßen, vernahm. Jetzt nahm ich Abschied und stieg ins Thal hinab, wo ein Boot meiner harrte.

Am 31. lichteten wir die Anker und segelten nach St. Thomas, wo wir um 10 Uhr vor Anker gingen. Es war die Absicht des Capitän Bourchier, hier wo möglich unsere Prisen zu verkaufen; und da wir die Ladung der Spanischen Brigg, deren Papiere uns fehlten, nicht genau kannten, schickten wir Leute an Bord, um sie zu entladen. Unser Zahlmeister nebst einem der Lieutenants vom Cherub war nach Tortola gegangen, um unter Vorzeigung der Papiere, die wir besaßen, die Condemnirung der Prisen zu bewirken, indem auf St. Thomas kein Richter des Viceadmiralitätsgerichts anwesend war. Als wir ans Land gingen, erhielten wir eine Einladung vom Gouverneur, General M'Clean, zum Ball am bevorstehenden Geburtstage des Königs, der auch am 4. auf die gewöhnliche Weise von der Besatzung und den Kriegsschiffen im Hafen feierlich begangen ward. Beim Gouverneur war Mittags um 12 Uhr öffentliches Frühstück und Abends der angekündigte Ball, der sehr zahlreich von den Einwohnern, von den Officieren der Garnison und einigen Seeofficieren von den Kriegsschiffen besucht ward. Es scheint den Bewohnern von St. Thomas gleichgültig zu seyn, ob sie den Geburtstag des Königs von England oder des Königs von Dänemark feiern, auch scheinen sie mit ihrem Regierungswechsel vollkommen zufrieden zu seyn. Unter Dänischer Flagge war St. Thomas ein Freihafen, der mit den Spanischen Colonieen einen ausgebreiteten Schleichhandel trieb. Jetzt ist es mit unsern übrigen Inseln auf gleichen Fuß gesetzt; doch treibt es immer noch seinen Schleichhandel. Der Hafen ist geräumig und bequem, und der Gesammtblick auf die Insel äußerst angenehm. Auf zwei Hügeln innerhalb des Hafens sieht man die Ruinen von zwei alten festen Thürmen, hier Blackbeards castles genannt von einem einst berüchtigten Seeräuber dieses Namens, ihrem angeblichen Erbauer. Diese Insel war bekanntlich ein großer Vereinigungspunct der Boucaniers, und ohne Zweifel dienten ihnen diese Thürme als Vertheidigungspunct und vielleicht als Niederlage ihrer Beute.

Es fand sich, daß die jetzt fast ganz entladene Brigg Cacao, Baumwolle und etwas Indigo enthielt, so daß das Ganze nebst dem Schiffe etwa 20,000 Piaster werth seyn mochte. Da inmittelst die Officiere nach Bewirkung der Condemnirung unsrer drei Prisen zurückgekehrt waren, so verkauften wir vorläufig den kleinen, vom Cherub genommenen Caper-Schooner für 1200 Piaster.

Immittelst trat ein Umstand ein, der uns nicht wenig in Verlegenheit setzte. Der Schiffszimmermann hatte schon häufig über den Zustand unseres Schiffes Vorstellungen gemacht, auch hatten bereits mehrere Schiffsbaumeister erklärt, daß es ohne eine gründliche Ausbesserung auf den Docken nicht lange zusammenhalten könne, und eine solche Ausbesserung konnte nur in England vorgenommen werden. Der Schiffszimmermann hatte jetzt den Zustand des Schiffs aufs Neue in allen seinen Einzelnheiten untersucht und dem Capitän Bourchier amtlich berichtet: das Schiff könne nicht mehr See halten; alle Bäume und andere obere Theile des Bauwerks seien verfault; der Hintersteven sei gleichfalls inwendig angegangen und bewege sich mit dem Steuerruder hin und her, so daß er (der Berichterstatter) nicht dafür einstehen könne, daß es bei einem Windstoße halten werde. Bei dieser Lage der Dinge wußten wir nicht eigentlich, was zu thun sei. Versuchten wir, das Schiff in St. Thomas auszubessern, so war es wahrscheinlich, daß wir übel nur ärger machen würden; und dennoch war es ein Wagstück, nach Barbados abzusegeln. Letzteres glaubten wir jedoch versuchen zu müssen, da der Boden des Schiffs gut war und bis dahin keinen Leck gehabt hatte.

Immittelst traf der Cherub von seiner Kreuzerfahrt auf der Höhe von Porto-Rico ein, und da die für unsern gemeinschaftlichen Zug bestimmte Zeit abgelaufen war, machten wir Anstalt, die nöthigen Bedürfnisse einzunehmen und unsere Fahrt zum Hauptquartiere anzutreten. Nachdem wir den Zahlmeister Hrn. Clarence nebst einem Seecadetten zurückgelassen hatten, um für die Prisen zu sorgen, gingen wir nebst dem Cherub Vormittags den 5. Junius unter Segel. Wir nahmen unsere Richtung nach St. Croix, wo wir unsere Kriegsgefangenen los zu werden hofften, da man uns gesagt hatte, es sei dort zur Auswechselung mit den Spaniern eine Einrichtung getroffen. Morgens den 7. Junius waren wir Christianstadt gegenüber, wo die Capitäns unsrer beiden Schiffe sich ans Land setzen ließen, denen ich nach einer Stunde folgte. Der Hafen wird durch einen furchtbaren Felsriff vertheidigt, welcher die ganze Bai einnimmt und nur eine kleine Durchfahrt windwärts übrig läßt, welche jedes Fahrzeug passiren muß, um in den Hafen zu gelangen. Sie wird durch ein Fort vertheidigt, dessen Kanonen die ganze Durchfahrt bestreichen. Ich war so glücklich, daß mein Fahrzeug genau auf diese Durchfahrt zutraf, so daß ich in gerader Richtung den Hafen erreichte, der von sonderbarer Beschaffenheit ist. Eine kleine, grünende Insel liegt etwa zwei Ankertaues-Länge vom Lande und bildet an der engsten Stelle eine nicht einmal halb so breite Durchfahrt, welche die Schiffe in ein Wasserbecken führt, wo sie in einem völlig ruhigen Gewässer sicher vor Anker liegen können. Ich landete an einem großen, mit schönen Gebäuden umgebenen Quai, einem Schauplatze des Gewerbfleißes und Handels gleich einem Englischen Seehafen; — ein Anblick, den ich in dieser Art in Westindien nicht erwartet hatte. Ich war verwundert, die beiden Capitäns noch nicht am Lande zu finden, und begann für ihr Schicksal besorgt zu seyn, da ihr Fahrzeug Tages zuvor umgeschlagen war. Nach einer halben Stunde begegnete ich ihnen jedoch auf der Gasse und vernahm, daß sie erst eben angekommen seien, obgleich sie das Schiff eine Stunde vor mir verlassen hatten. Da sie nämlich die windwärts befindliche Durchfahrt, welche ich passirt war, nicht erreichen konnten, suchten sie den Felsriff entlang vergeblich eine andere, und mußten endlich auf dem Felsen aussteigen, um ihr Boot über das Riff ziehen zu lassen.

Immer höher stieg meine Verwunderung, eine Stadt wie Christianstadt in Westindien zu finden. Die Straßen sind sämmtlich breit, lang, geradlinicht und durchschneiden einander in rechten Winkeln. Zu beiden Seiten sieht man eine Menge großer, schöner Gebäude; sämmtlich von Steinen oder Ziegeln erbaut und mit Balcons an der Vorderseite versehen. Das Gouvernementshaus gleicht einem Palaste. Auch giebt es mehrere andere eben so ansehnliche Gebäude. Wirklich sah ich kein einziges schlecht gebautes Haus in der ganzen Stadt, die vollkommen das Ansehen einer Europäischen Stadt hatte; Kutschen mit Bedienten in prächtiger Livree rollten durch die Straßen, und was in jenem Theile der Welt sehr ungewöhnlich ist, die Landstraßen sind so gut, daß man bequem in einer Kutsche die ganze Insel durchreisen kann. Dieß Alles giebt der Stadt ein so freundliches Ansehen, als man sonst nirgends in Westindien findet. Nahe dem Werft befindet sich ein großes Viereck, welches zum Paradeplatz dient, wo ich die

Wachtparade des 96. Regiments sah, unter einem großen Zulauf des Volks, welches sich an der trefflichen Regimentsmusik ergötzte; kurz, das Ganze hatte ein wahrhaft Europäisches Ansehen. Auffallend war mir die Unzahl von Muschelschalen, zum Theil von großer Schönheit, die zerstückelt auf den Straßen umherlagen und mit denen einige Theile der Stadt gepflastert waren. Ich sah drei sehr hübsch gebaute Kirchen, in deren einer ich in Dänischer Sprache Gottesdienst halten hörte. Das Innere war von ausgezeichnet eleganter, aber einfacher Bauart. Insbesondere war der Chor sehr imposant, und die Orgel von trefflichem Tone.

Der alte Dänische Gouverneur muß ein großer Liebhaber von Gemälden gewesen seyn, denn der Palast ist damit angefüllt; doch sah ich unter ihnen kein bemerkenswerthes Kunstwerk, als das schön gemalte Bildniß des Kronprinzen von Dänemark. Die Zimmer waren sämmtlich auf Europäische Weise reich möblirt und mit Türkischen Fußdecken, Fenstervorhängen und andern ähnlichen Zimmerverzierungen versehen, die man in dieser Weltgegend selten findet.

Nach vierstündigem Aufenthalt kehrte ich an Bord zurück, und gleich nachher gingen beide Schiffe unter Segel, um die Durchfahrt zwischen Anegada und der Insel Sombrero zu passiren. Die Inselgruppe, Virgin Gordas genannt, liegt in dieser Durchfahrt und gewährt einen eben so neuen als grotesken Anblick. Diese Inseln bestehen durchgängig aus unfruchtbaren Felsen, und sind eben so verschiedenartig, als phantastisch gestaltet. Die eine Gruppe gleicht in der Ferne den Ruinen einer Stadt, worunter die Einbildungskraft Ueberbleibsel von Tempeln, Säulen und Schwibbögen zu entdecken glaubt, daher auch diese Felsen den Namen verfallene Stadt (Fallen City) erhalten haben; wirklich sind die verschiednen Ansichten, die sie von allen Seiten gewähren, keiner Beschreibung fähig. Die Hauptinsel der Virgin-Gordas ist ziemlich groß, und im Besitz der Engländer; sie scheint ebenfalls ganz unfruchtbar zu seyn, treibt aber, wie ich glaube, einen bedeutenden Schleichhandel.

Die Durchfahrt zwischen den Inseln Anegada und Sombrero, die wir glücklich zurücklegten, ist sehr gefährlich und wird daher nicht häufig passirt. Diese beiden Inseln liegen einander nicht im Gesichte und sind, da sie eine sehr niedrige Lage haben, erst ganz in der Nähe sichtbar. Anegada ist von einer gefahrvollen Bank umgeben, die sich so weit umher erstreckt, daß die Schiffe häufig auf dieselbe stoßen, bevor sie noch das niedrige Land von Anegada wahrgenommen haben. Von unserem Mastkorbe aus sahen wir das Wrack der Fregatte Astrda, die zehn Tage vorher hier gescheitert war, weil sie durch eine Fehlrechnung das hohe Land der Virgin Gordas für die Berge von Porto-Rico gehalten hatte. Sie scheiterte auf der Felsbank, bevor sie die Insel Anegada bemerkt hatte. Die Mannschaft ward durch eine Kriegssloop gerettet, allein das Schiff, — eine schöne, auf ihrer ersten Fahrt begriffene neugebaute Fregatte, — ist unwiederbringlich verloren.

Auch die Inſel Sombrero hat eine ſehr niedrige Lage; es iſt ein kleiner unfruchtbarer Felſen, der an Geſtalt einem Hut gleicht, wovon er den Namen hat. Es ward hier kürzlich eine äußerſt barbariſche Handlung begangen, die ich nicht unerwähnt laſſen darf, obwohl ſie den Brittiſchen Namen befleckt. Der Capitän L——, Befehlshaber einer Kriegsbrigg, der einen ſeiner Matroſen wegen mancherlei Vergehungen häufig und oft mit großer Strenge zu beſtrafen, Veranlaſſung gefunden hatte, faßte endlich den grauſamen Beſchluß, den armen Menſchen an einer unfruchtbaren und unbewohnten Inſel auszuſetzen. Er wählte dazu dieſen Felſen, und wirklich hätte er keinen ſchrecklicheren Aufenthalt wählen können, da er keinerlei Gattung von Lebensmitteln, nicht einmal Waſſer darbietet. Hier ließ man den Unglücklichen zurück, und die Brigg ſegelte nach Barbados. Doch bald kam dieſe Maßregel dem Admiral zu Ohren, der ſogleich befahl, daß das Schiff augenblicklich nach Sombrero zurückkehren und den Verlaſſenen aufſuchen ſolle. Es geſchah, aber nach der genaueſten Durchſuchung des Felſens fand man nur das Hemde und die Schifferhoſen, die er bei der Ausſetzung trug. In der Folge vernahm man, er ſei gleich nachher von einem Americaniſchen Schiffe aufgenommen worden; auch hat es ſich beſtätigt, daß er neuerlich in America geſehen iſt. Der Oberbefehlshaber ſoll dem Capitän L—— ſogleich kund gethan haben, daß er entweder das Land unverzüglich verlaſſen, oder vor ein Kriegsgericht geſtellt werden müſſe. So viel iſt gewiß, daß der Capitän gleich nachher, angeblich um ſeine Geſundheit herzuſtellen, heimkehrte. Es iſt ſehr zu beklagen, daß ein solcher Tyrann durch Protection der verblendeten Strafe entgangen ist.

Als wir am 13. uns weit genug windwärts glaubten, um unsere Richtung auf Barbados nehmen zu können, entdeckten wir einen Leck in unserem Schiffe, der zwar am folgenden Tage durch einen heftigen Wind etwas zunahm, durch Pumpen aber gefahrlos blieb. Um Mittag entdeckten wir Land; aber es war die Insel Antigua, mithin waren wir 60 Meilen weiter unter dem Winde, als wir berechnet hatten, und mußten in der Nacht dicht an der niedrigen Insel Barbuda hergesegelt seyn, die sehr leicht unserer Schiffahrt durch eine Strandung ein Ende machen konnte. Aehnliche Irrthümer in der Schiffsrechnung sind hier wegen der starken in verschiedenen Richtungen laufenden Strömungen, deren Ursachen bis jetzt nie genau erklärt sind, unvermeidlich, und sie kommen daher häufig vor. Capitän Ravenshaw vom Cherub erkundigte sich jetzt durch ein Signal, ob wir nach Antigua zu segeln wünschten; doch sehnten wir uns, auf jede Gefahr Barbados zu erreichen. Am 16. bei Tagesanbruch sahen wir die kleine Insel Deseada gerade vor uns, und wandten uns unter dem Winde durch den engen Canal zwischen Petite Terre und Guadeloupe. Deseada ist ein hohes, seltsam gestaltetes, aber dem Anschein nach angenehmes und fruchtbares Tafelland. Wir haben diese Insel nebst Marie Galante neuerlich den Franzosen abgenommen; beide sind in commercieller Hinsicht von unerheblichem Werthe; allein sie dienten einem Schwarme Französischer Caper zum Aufenthalt und sind jetzt eine bequeme Station für unsere Kreuzer. Nachdem wir uns vom Cherub getrennt hatten, setzten wir allein unsere Fahrt nach Barbados fort und ankerten am 18. Morgens um acht Uhr in der Bai von Carlisle.

Capitain Bourchier begab sich sogleich zum Admiral, um über den Zustand unseres Schiffs zu berichten, während ich keine Zeit verlor, meine alten Bekannten aufzusuchen, deren ich auf dieser mir durch langen Aufenthalt fast heimisch gewordenen Insel viele gemacht hatte. Der erste Lieutenant, Fitzpatrick, ward krank ins Hospital gebracht und an die Stelle des Capitains Bourchier trat der Capitain Decourcy.

Da die vom Admiral beauftragten Zimmerleute über den Zustand unseres Schiffes einen günstigen Bericht abgestattet hatten, ward Befehl ertheilt, uns so schnell als möglich segelfertig zu machen, um nach Surinam abzugehen und eine nach Europa bestimmte Convoi zu sammeln.

Das Fieber richtete unter der hiesigen Besatzung große Verheerungen an. Am meisten litt das 63. Regiment nebst den mit der letzten Convoi angekommenen Recrutendetaschements für die übrigen Regimenter. Inzwischen war weder auf der Flotte noch im Marinehospital ein Fieberkranker zu finden. Die Seeleute litten dagegen eben so wie die Eingebornen sehr an der Ruhr, die jedoch nur in wenigen Fällen tödtlich gewesen war.

Nachdem die Stelle des Lieutenants Fitzpatrick ersetzt und die Ausbesserung des Schiffs sehr vorgerückt war, erhielten wir Befehl, am 28. abzusegeln. Die noch übrige

Zeit ward zu Einkäufen von Bedürfnissen für die Heimfahrt und zum Abschiednehmen von unsern Freunden benutzt; und noch war ich nebst allen Bedürfnissen für unsern Tisch am Lande, als schon das Schiff unter Segel war. In einem gemietheten Boote folgte ich demselben, leider mit Zurücklassung zweier Schweine, die sich bei der Einschiffung losrissen. Am Bord fand ich Truppen mit zwei Officieren und einer so eben aus England angekommenen schönen jungen Dame, die wir nach Surinam überfahren sollten. Die letztere litt indeß so sehr an der Seekrankheit, daß wir ihre Gesellschaft wenig genießen konnten. Unsere Tischgesellschaft, welcher sich auch der Capitain, der seine Geräthschaften auf einem anderen Schiffe hatte zurücklassen müssen, anschloß, war übrigens sehr unterhaltend.

Ein heftiger Windstoß, der auf auf einige Minuten zum Orcan ward, that uns keinen weitern Schaden, als daß er unser Bugspriet spaltete.

Mittags den 6. Julius ward vom Mastkorbe Land gesehen; wir hatten nur acht Faden Wasser von weißlicher schmutziger Farbe und schlammigen Grund. Wir fuhren fort, dem Lande zuzusegeln, bis wir uns 5 — 6 Meilen weit von der Küste in etwa britthalb Faden Wasser auf einer Schlammbank befanden. Das Land ist nichts weniger als einladend und gewährt mehrere hundert Meilen weit etwa so einförmigen Anblick, daß es unmöglich ist, ohne besondre örtliche Kunde zu erkennen, welchen Theil desselben man entdeckt hat. Gewöhnlich pflegen daher die jenigen Seefahrer, denen die Küste fremd ist, am Lande entlang zu fahren, bis sie ein Haus sehen und sich dort nach der Gegend erkundigen lassen. Die See gleicht hier einem schmutzigen Wasserpfuhl und das Land ist so flach und einförmig, daß man davon nichts sieht, als die sich kaum über die Wasserfläche erhebenden Baumgipfel. Die Flußmündungen erkennt man an der Verschiedenheit der Farbe des frischen Wassers, die es viele Meilen weit in der See und zwar in der ganzen Breite des Flusses beibehält; — ein höchst auffallender Anblick. Wir waren nach unsrer Rechnung einige Meilen zu weit windwärts von Surinam. Da wir weder den Fluß unterscheiden noch auch an der Küste vergewissern konnten, wo wir uns fanden, hielten wir für zweckmäßig, uns auf unsere Berechnung zu verlassen und die Küste entlang auf die Schlammbank loszusegeln, die sich 7 — 8 Meilen weit in die See erstreckt; bei Sonnenuntergang ankerten wir in 4 Faden Wasser etwa 6 Meilen von der Küste. Am folgenden Morgen gerieth das Schiff auf den Schlammgrund, ward aber nach zwei Stunden durch die Flut glücklicherweise wieder flott gemacht und dem Ufer zugetrieben, welches uns nöthigte, an der Stelle, wo wir waren, zu ankern. Wir entdeckten einige Häuser und einen Fluß, fanden aber zu unserm großen Verdrusse, daß es nicht der Surinam-Fluß sei, und vernahmen endlich durch ausgeschickte Boote, daß der Fluß, den wir sahen, der Suramar, und das Land, was wir zuerst gesehen hatten, Surinam gewesen sei. Wir waren mithin etwa vierzig Meilen zu weit unter dem Winde vorbeigesegelt. Eine höchst unwillkommne Nachricht! denn schon am 9. Julius sollten wir in Surinam seyn, wo nicht, so liefen wir Gefahr, die Convoi, und vielleicht unsere ganze Fahrt nach England zu verfehlen. Nichts blieb uns jetzt übrig, als wieder aufwärts zu segeln, die Ebbe zu benutzen und mit der Flut zu ankern. Auf diese Weise gelangten wir am 9. Julius auf die Höhe der Mündung des Flusses Surinam, wo uns eine Windstille befiel, so daß wir uns im Angesicht unseres beabsichtigten Ankerplatzes befanden, ohne die Möglichkeit, demselben auch nur um einen Fuß breit weiter zu nahen; — eine Unannehmlichkeit, die wir um so peinlicher fühlten, da wir alle begierig waren, eine von Engländern in der Regel so wenig besuchte Weltgegend zu sehen. Um die Convoi zu treffen, blieb uns nur noch wenig Zeit übrig, und schon begannen wir zu fürchten, daß wir, keine Zeit haben würden, einen Fuß ans Land zu setzen und viel weniger die Stadt Paramaribo, etwa zwanzig Meilen stromaufwärts, zu besuchen. Vergebens versuchten wir am folgenden Tage, den Ankerplatz Brams-Point gegenüber zu erreichen; wir geriethen aufs Neue auf den Schlammgrund und mußten die Flut abwarten. Hier konnten wir jedoch dem Fort ein Signal geben, und vier von den zu unsrer Convoi gehörenden Kauffahrteischiffen in der Mündung des Flusses segelfertig liegen sehen. Wir zogen jetzt unser Convoi-Signal auf, worauf einige der Kauffahrerböte an Bord kamen und uns berichteten, daß in Allem etwa zehn Schiffe bereit wären, mit uns nach England zu segeln.

Deutlicher sahen wir jetzt die Küste, die den nämlichen abstoßenden Anblick gewähret, als die Mündung des Suramac. Sie ist ein fast tausend Meilen fortlaufender einförmiger Wald; in welchem kein einziger anziehender Gegenstand und nicht die kleinste Anhöhe dem Blicke sich darbietet. Wirklich ist die Gegend so wenig über der Wasserfläche erhaben, daß die See häufig 10 — 12 Meilen weit das Land überströmt und unermeßliche Morärste bildet; daher auch die Engländer dieser Gegend den Namen des Schlammlandes (land of mud) gegeben haben.

Endlich waren wir Nachmittags den 10. Juli wieder flott und ankerten eine Meile von Brams-Point. Wir setzten unverzüglich unsere Truppen ans Land, und auch ich eilte mit einigen unserer Officiere, das Festland von Süd-America zu betreten. Die Officiere des Forts, froh, in ihrer abgeschiednen Station Fremde zu sehen, empfingen uns mit großer Höflichkeit. Es lag hier eine Compagnie vom 16. Regiment, und außerdem hielten sich 3 oder 4 genesende Officiere hier auf, die wegen ihrer Gesundheit von Paramaribo, wo große Sterblichkeit geherrscht hatte, hieher gekommen waren.

Auffallend war mir die Unzahl von Feuerfliegen, die man in den Wäldern sah, und die in der Ferne einen sonderbaren Anblick gewähreten, indem es schien, als ob sich eben so viel Personen schnell von einem Gebüsch zum andern mit einem Lichte bewegten. Unsere Truppen wurden in einem großen mit Schilf bedeckten und auf wenigstens zweihundert Personen eingerichteten Boote eingeschifft, um mit der ersten Flut nach Paramaribo transportirt zu werden. Diese Gattung von Böten ist hier, wo es fast alle Tage heftig regnet, äußerst zweckmäßig.

In Gesellschaft des Capitain Decourcy, des Unterschiffers Stevenson und des Offiziers der Truppen verließ ich um 2 Uhr Morgens das Schiff, und fuhr stromaufwärts.

Der Surinam ist ein schöner Fluß, so breit als die Themse, durchströmend einen undurchdringlichen Wald, den Aufenthalt reißender Thiere und wilder Indianischer Volksstämme. Bei Tagesanbruch passirten wir die Mündung des Flusses Maravine, der sich etwa zwölf Meilen weit von der See in den Surinam ergießt. Am Zusammenfluß der beiden Ströme liegt das ziemlich große und feste Fort Amsterdam, welches als der Schlüssel zur Colonie angesehen wird, und wo damals das 16. Regiment die Besatzung bildete. Der Maravine, an dessen Ufern viele schöne Pflanzungen liegen, ist fast eben so breit als der Surinam. Oberhalb des Forts Amsterdam wurden die Ansichten belebter, und nach Tagesanbruch wurden unsere Ohren zuweilen durch das Brüllen der Tiger begrüßt, die ans Ufer herabkamen, ihren Durst zu stillen. Diese wilde Musik begleitete uns fast ganz bis nach Paramaribo, welches wir Morgens um sieben Uhr erreichten. Die hiesigen Tiger sind kleiner, aber wüthender, als die Africanischen und Ostindischen; auch alle übrige wilde Thiere sind hier nicht so groß, als in der alten Welt. Viel Vergnügen machte uns der Anblick der großen Schwärme von Flamingos, einer Gattung von Vögeln, etwa von der

Stöße eines jungen Kalekutischen Hahns, doch weit schöner geformt und mit längeren Beinen und einem längeren Schnabel. Ihr ganzes Gefieder ist von glänzender Scharlachfarbe, so daß man sie, wenn sie, wie gewöhnlich, in einer Linie hin und her wandeln, leicht für einen Trupp Soldaten halten könnte.

So wie man sich der Stadt nähert, gewinnt der Fluß an Annehmlichkeit. Das rechte, sich allmählig erhebende Ufer, zeigt sich bedeckt mit angebauten Feldern und Landhäusern. Holländer und Engländer haben weder Mühe noch Kosten gespart, ihre Wohnungen zu verschönern. Diese Villas dienen meistens den Städtern zum Landaufenthalte. Als wir am gewöhnlichen Landungsplatze unser Fahrzeug verließen, war ich überrascht, mich auf einem lieblichen grünen Rasenplatze zu finden, dergleichen ich oft in den abgelegenen Dörfern Englands gefunden habe, und verschönert durch Reihen hoher Bäume, welche geräumige Spaziergänge bilden. Kaum konnte ich mir den Gedanken vergegenwärtigen, daß ich mich in einer großen Stadt befände, so wie ich mir Paramaribo dachte; und mehr noch befremdete es mich, gleich jenseits des Rasenplatzes eine breite mit schönen Gebäuden besetzte Straße zu betreten, welcher die umliegenden Gärten zugleich ein ganz ländliches Ansehn gaben. In der Mitte war ein trefflicher Fahrweg, und zu beiden Seiten doppelte Reihen von Limonien und Orangenbäumen, prangend mit einer Fülle voll Früchten. Ein breiter, schattiger Fußweg war zwischen den Bäumen und den Häusern, die ich weit geräumiger und schöner fand, als ich trotz allen Beschreibungen erwartet hatte.

In dem Hause eines Kaufmanns, wo wir Geschäfte hatten, erhielten wir sogleich einen trefflichen Beweis von jener Gastfreiheit, die man den Bewohnern dieser Weltgegenden mit so vielem Rechte nachrühmt. Das Innere des Hauses und insbesondere das Ameublement war prachtvoller, als ich es bis dahin jenseits des Atlantischen Meeres noch gefunden hatte. Während wir frühstückten, erhielten wir vom Gouverneur, General Hughes, eine Einladung zum Frühstück im Gouvernementshause, einem geräumigen Pallaste, beinahe gegenüber liegend dem Hause, wo wir uns befanden. Da wir diese Einladung nicht mehr annehmen konnten, so erfolgte eine zweite zum Mittagessen, obwohl wir an den Gouverneur keine andre Empfehlung hatten, als unsere Uniformen. Immittelst besuchten wir mehrere der vornehmsten Kaufleute der Colonie und hiernächst die Officiere des daselbst in Besatzung liegenden 64. Regiments. Allenthalben fanden wir die nämliche Gastfreiheit, und die Einwohner schienen mit einander an Dienstfertigkeit gegen uns zu wetteifern. Die Officiere versahen uns mit Pferden und begleiteten uns durch die Hauptstraßen der Stadt. Es scheint mir unmöglich, einem Fremden durch Vergleichung mit irgend einer andern Stadt einen Begriff von Paramaribo zu geben, so außergewöhnlich und abweichend ist sie von Allem, was ich je sah.

Daß die Hauptstraßen sehr breit und mit Doppelreihen von fruchttragenden Orangen- und Limonienbäumen zu beiden Seiten besetzt sind, welche liebliche schattige Spaziergänge bilden, habe ich schon bemerkt. Noch breiter aber sind die Straßen in den Vorstädten; hier sind sie mit vier Reihen fruchttragender Bäume an jeder Seite bepflanzt, und zwischen diesen und den Häusern sieht man ziemlich große, mit allen Arten von Fruchtbäumen und Blumen bepflanzte Gärten, durch Hecken von der Straße abgesondert und nach Holländischer Weise rechtwinklicht angelegt; so daß man aus den Häusern an der einen Seite die an der andern nicht sehen kann; nur von der Mitte der Straße aus kann man hin und wieder einen Blick darauf werfen. Das Ganze der Stadt gleicht einem unermeßlichen Garten, prangend mit einem Ueberfluß von Früchten, der das Bedürfniß der Einwohner weit übersteigt und dem Vorübergehenden Erfrischung und liebliche Düfte gewährt. Die Hauptstraße ist etwa eine Meile lang und mehrere andere mit derselben parallel laufende Gassen sind nicht viel kürzer; sie werden von andern rechtwinklicht durchschnitten. So nimmt die Stadt einen ungemeinen Raum ein, wovon wenigstens die Hälfte aus Gärten besteht.

Um Mittag trieb uns ein heftiges Gewitter in die Baracken, wo wir von den Officieren mit allem Nöthigen versehen wurden. Ich sah hier verschiedene von den Officieren gesammelte naturhistorische Merkwürdigkeiten, die sie von den Indianischen Urbewohnern der Colonie gekauft hatten. Die Letzteren kommen täglich in großen Trupps zur Stadt und bieten feil, was sie entbehren können; Affen, Papagaien und andere Thiergattungen, eine Mannichfaltigkeit schöner Holzarten, woraus sie oft Schwerdter und andere Waffen schnitzeln, denen sie eine treffliche Politur zu geben wissen. Ich erstaunte über die Schwere und Härte einiger dieser Artikel, so wie über die Schönheit der Holzadern. Außerdem verkaufen sie häufig Bogen und Pfeile, wogegen Feuergewehr und Munition die liebsten Tauschgegenstände für sie sind. Eine alte Flinte oder Pistole ist für sie eine unwiderstehliche Versuchung, und die schätzbarsten naturgeschichtlichen Merkwürdigkeiten lassen sich dafür eintauschen. Die Indianer beiderlei Geschlechts, die ich hier sah, waren gänzlich nackend, bis auf ein kleines Stückchen groben Tuchs, welches hinten an einem um die Hüften gebundnen Strick befestigt war, zwischen den Beinen durchging und vorne zugebunden war; doch war es kaum hinreichend, dem beabsichtigten Zweck zu entsprechen. Es befremdete mich, in einer so volkreichen und gebildeten Stadt den Geschmack für Nacktheit so vorherrschend zu finden; denn nicht nur die Indianer sieht man in diesem Zustande der Nacktheit die Straßen durchwandeln, sondern auch Hunderte von Sclaven beiderlei Geschlechts, die den weißen Einwohnern, — schwerlich an Civilisation nachstehend den Bewohnern von London, — zur Aufwartung dienen. Da also dieser anstößigen Sitte kein Mangel an Ausbildung zur Entschuldigung dienen kann, muß ich sie für eine Folge verderbter Moralität halten, welches einem Europäer kaum glaublich ist. Namentlich muß man einen großen Theil der Schuld den weißen Landesbewohnerinnen beimessen, die doch zum Theil in Europa erzogen und sämmtlich eine eben so gute Erziehung erhalten haben, als

Frauenzimmer des nämlichen Ranges in England, mithin auch die nämlichen Ansprüche auf Zartgefühl und Sinn für das Schickliche machen, so daß sie sich höchlich beleidigt finden würden, wenn irgend jemand sie des Mangels an diesen berühmten weiblichen Tugenden auch nur auf das entfernteste beargwohnte. Allein ich weiß nicht, in welchem Grade ein Frauenzimmer diese glänzenden Tugenden besitzen kann, wenn sie täglich und stündlich von männlichen Sclaven bedient wird, die mit so unzureichenden Bedeckungen ihrer Blöße versehen sind, und wenn ihre oft jungen und schönen weiblichen Aufwärterinnen sowohl auf den Straßen, als in den Häusern keine andere, als die oben beschriebene Bedeckung tragen.

Die farbigen Kinder beiderlei Geschlechts gehen bis zum achten oder neunten Jahre ganz nackend umher; in diesem Alter macht eine kleine Platte von Zinn oder anderm Metall, die für die Mädchen nicht größer ist, als ein Pflaster, häufig ihre ganze Bedeckung aus. Um die Knaben bekümmert man sich noch weniger, und der unanständige schmutzige Anblick der Männer giebt dem Auge unaufhörlichen Anstoß. Ein großer Theil dieser Sclaven besteht aus Mulatten und Mestizen, deren Haut fast eben so weiß ist, als die der Europäer. Wenn es Creolen giebt, die im Ernste glauben können (wie sie behaupten), daß die Neger bloß Thiere sind, so muß wenigstens die weiße Haut und die Europäische Gesichtsbildung der Mestizen, die oft mit ihnen an Schönheit wetteifern und durchgängig ihnen an Abkunft nahe verwandt sind, das

Zugeſtändniß ihnen abnöthigen, daß ſie mit ihnen von eb ner Gattung mit den nämlichen Gefühlen begabt ſind.

Die in Paramaribo herrſchende Ordnung und Regelmäßigkeit muß auf jeden Fremden, insbeſondere wenn er die in der Hauptſtadt von Barbados hervorſtechende Verwirrung und Ordnungsloſigkeit bemerkt hat, den größten Eindruck machen. Hier werden die Sclaven unter einer ungewöhnlichen Disciplin gehalten; nie hört man ſie auf den Straßen lärmen und zanken; ſie grüßen jeden Weißen mit großer Ehrerbietung, und entſteht unter ihnen auf der Straße der mindeſte Streit, ſo werden ſie ſogleich von Polizeibeamten ergriffen und beſtraft. Kurz, dieſe Stadt iſt in vieler Hinſicht das wahre Gegenſtück von Bridgetown. Freilich ſcheint es, daß die Sclaven oft die ſchmerzlichen Folgen jener Disciplin fühlen müſſen; denn einer der widrigſten Anblicke, die ſich dem Fremden aufdringen, ſind die häufigen Spuren der Peitſchenhiebe, die ſich auf den nackten Hintern der Sclaven häufig zeigen.

Sobald das Gewitter, welches mehrere Stunden mit Heftigkeit anhielt, vorüber war, begaben wir uns in das Gouvernementshaus, wo wir vom alten General, den Clima und Körperſchwäche faſt aufgerieben zu haben ſchienen, mit vieler Herzlichkeit empfangen wurden. Er war ſehr mittheilend und bot uns ſeine Pferde und ſeine Barke an, falls wir während unſeres Aufenthalts die Umgegend in Augenſchein nehmen wollten. An der Tafel trafen wir die Officiere ſeines Stabes und einen ſeltſamen Mann, deſſen Character ich als eine Probe der Einwirkungen des Hau ges zu kleinlichen Liebhabereien nicht unerwähnt lassen kann. Bei der Tafel flüsterte mir nämlich ein Bedienter ins Ohr: „der Obrist White wünsche ein Glas Wein mit mir zu trinken". Bald sah ich, wer der Gentleman war, der mir diese Aufmerksamkeit bewies; denn unter den uniformirten Tischgästen war nur einer, dessen Namen und Rang man mir nicht genannt hatte. Er saß mir gerade gegenüber und trug eine Stabsuniform mit zwei großen goldnen Epauletts, jedoch ohne Abzeichen, woran man hätte erkennen können, welchem Dienstzweige er angehöre. Er schien zwischen funfzig und sechzig Jahr alt zu seyn, hatte sehr angenehme Manieren, und da er mir nach der Tafel sehr viel Aufmerksamkeit bezeigte, erkundigte ich mich bei den Officieren nach diesem „Obristen". Sie lachten, als ich ihn Obrist nannte, und erzählten mir: er bekleide in der Colonie weder im Militär noch im Civilfache irgend eine Stelle, sondern sei ein seit langer Zeit wegen seiner höflichen Sitten und seiner Gastfreiheit allgemein geachteter Einwohner. Neuerlich habe ihn die grillenhafte Idee ergriffen, eine Militäruniform zu tragen, wozu er beim Gouverneur wirklich die Erlaubniß erbeten habe. Der General Hughes glaubte, einem so allgemein beliebten Manne in dieser launhaften Grille nachgeben zu müssen, worauf der erfreute Bittsteller die erhaltene Erlaubniß so weit ausdehnte, daß er sich den Titel eines Obristen anmaßte und jetzt bei allen öffentlichen Gelegenheiten in voller Uniform erscheint. Am letzten Geburtsfeste des Königs hatte er sich sogar die Kosten einer schön gestickten Staatsuniform nicht verdrießen laſſen, worin er auf dem Ball erſchien.

Am Abend begann es aufs Neue zu regnen, zu donnern und zu blitzen, welches uns alle weitere Spaziergänge oder Spazierritte unmöglich machte; — eine Entbehrung, die uns jedoch durch die Höflichkeiten der Officiere von der Beſatzung erſetzt ward, in deren Geſellſchaft wir bis Abends ſpät verweilten. Der nächtliche Anblick der Wälder war uns eben ſo angenehm als neu; ſie waren erleuchtet durch Millionen Feuerfliegen, die unaufhörlich in allen Richtungen ſich mit reißender Schnelligkeit hin und her bewegten und ein ſo helles Licht von ſich gaben, daß man den Wald, ſelbſt in einiger Ferne, deutlich unterſcheiden konnte; doch war dieß nur ſo lange der Fall, als ſie in Bewegung blieben; ſobald dieſe aufhörte, konnte man ſie nicht länger wahrnehmen. Ich hatte keine Gelegenheit, dieß Inſect ſelbſt zu unterſuchen; auch konnte ich durch Erkundigungen bei Andern nicht viel Näheres darüber erfahren. Die Mosquitos ſind hier zahlreicher, auch etwas größer, als auf den Inſeln; auch bemerkte ich einige Hundertfüße und insbeſondere Spinnen von weit größerem Umfange, als ich ſie bis dahin geſehen hatte.

Die Nacht brachten wir in dem Hauſe eines angeſehenen Kaufmanns zu, der für die Regierung große Lieferungen übernommen hatte; am folgenden Morgen wurden wir von dem gaſtfreien General zum Frühſtück geladen, beſahen dann Alles, was in der Stadt noch ſehenswerth ſchien, und bereiteten uns hierauf zur Rückkehr an Bord

unseres Schiffs, wozu der Gouverneur uns seine Barke
anbot, — ein weit bequemeres Fahrzeug, als unsere Böte;
indem es, gleich den Barken der Städter auf der Themse,
mit einer bequemen Cajüte versehen war. Die meisten
wohlhabenden Einwohner von Paramaribo besitzen ähnli-
che, zum Theil sehr kostbar eingerichtete Barken, worin sie
Lustfahrten auf dem Flusse machen, die oft eine Woche
oder länger dauern, indem die Barken alle Bequemlichkeiten zum Nachtlager und zu Mahlzeiten enthalten. Nachdem wir von unsern gastfreien Freunden Abschied genommen und unsere eignen Böte mit Ananas, Pompel-
mus, Sappadillos und einer Mannichfaltigkeit anderer
Früchte beladen hatten, bestiegen wir, begleitet von sechs
Officieren der Besatzung, die ihre Freunde zu Brams-
Point besuchen wollten, die Barke des Gouverneurs. Sie
ward gerudert von zwölf Negern, und so oft die Richtung
des Flusses es verstattete, ward ein großes Segel aufge-
spannt, so daß unsere Fahrt nach Brams-Point sehr schnell
zurückgelegt ward. Obwohl einzelne Theile der Flußufer
schöne Ansichten gewähren, so hat doch das Ganze eine er-
müdende Einförmigkeit, und es giebt keine Mannichfaltigkeit der Gegenstände zur Erquickung des Auges. In der
Nähe von Paramaribo, wo die Landgüter näher an einander liegen, sind die Aussichten keinesweges reizlos; allein
weiterhin, sowohl oberhalb, als unterhalb dieses Landstrichs,
giebt es nichts, was einen Theil des Ufers vom andern
unterscheiden kann. Die Officiere der Besatzung von
Brams-Point nahmen uns mit vieler Gastfreiheit auf, und
nach eingenommenem Mittagsmahle kehrten wir an Bord

unserer Schiffe zurück. Noch am nämlichen Abend lichteten wir die Anker und segelten mit der Convoi nach Tabago ab.

Am 15. Juli bei Tagesanbruch befanden wir uns auf der Höhe dieser Insel 5 bis 6 Meilen von Scarborough, dem Haupthafen, wo mehrere Schiffe, unserer Erscheinung harrend, segelfertig lagen. Nachdem sie sich mit uns vereinigt hatten, nahmen wir unsere Richtung nach Grenada. Tabago ist hoch und felsigt und gewährt keinesweges eine einladende Ansicht; doch muß es ohne Zweifel vom Lande aus viele romantische Aussichten darbieten, da sich eine Bergkette über die ganze Insel ausdehnt. Abends zeigte sich unter dem Winde das Hochland von Grenada und am folgenden Morgen ankerten wir im Hafen dieser Insel. Unser Capitän Decourcy erhielt hier sogleich Besuch von seinem Bruder, der hier beim Stabe die treffliche Stelle eines deputirten Generalquartiermeisters bekleidet und alle die liebenswürdigen Eigenschaften zu besitzen scheint, die uns seinen Bruder so werth gemacht haben. Er lud uns alle in sein Haus ein und verlangte, daß wir es während unseres Aufenthalts auf der Insel als das unsrige betrachten sollten. Auch der Seelieutenant Burton, Befehlshaber der hier stationirten Brigg, besuchte uns und begleitete uns in die Stadt St. George, die gleich allen andern Englischen Colonialstädten nichts sehenswerthes enthält. Sie ist auf einem sehr unebnen Grunde erbaut und einige Straßen sind so steil, daß man sie zu Wagen nicht passiren kann. Im Hintergrunde der Stadt erheben sich die Gebirge fast senkrecht zu einer ungemeinen Höhe. Da es eben in der

Mitte der regnichten Jahreszeit war; so verhüllten Wolken
ihre Gipfel. Der häufig fallende Platzregen hinderte uns,
Excursionen aufs Land zu machen. Es gab in der ganzen
Stadt nur einen einzigen erträglichen Gasthof, übrigens
nichts, was erwähnt zu werden verdient. Nachmittags ver-
fügten wir uns in das Haus des Bruders unseres Capitäns, welches dicht vor der Stadt im Hintergrunde der
den Hafen bildenden Bai, worauf es die Aussicht hat,
sehr angenehm liegt. Der Hafen ist groß und gewährt
einer großen Anzahl Schiffe gute Ankerplätze; doch ist er
offen gegen Westen, an jeder andern Seite aber durch die
Gebirge vollkommen geschützt. Hinter dem Hause des
Hrn. Decourcy erhob sich fast senkrecht ein Berg, und die
auf dem Gipfel desselben erbauten Baracken scheinen in
gerader Linie über den Häuptern der Bewohner zu hangen.
Auch diese Gebäude wurden unserem Blicke häufig durch
Wolken entzogen, die sich in der Regenzeit bis auf die
Hälfte des Abhanges herabsenkten.

Beim Mittagsessen trafen wir mehrere Officiere, und
mehr noch ward unsere Gesellschaft belebt durch die Gegenwart verschiedner Damen. Abends zogen wir uns in eine
geräumige Gallerie zurück, wo man die Aussicht in den
Garten hatte; und da die meisten der anwesenden Herren
Musikliebhaber waren, ward die Zeit sehr angenehm mit
Arien und Duetts, gesungen zum meisterhaften Pianofor-
te-Spiel der Mistreß Decourcy, bis nach Mitternacht hingebracht.

Da am folgenden Tage der Regen, untermischt mit
Gewitterschauern, unaufhörlich fortdauerte, so konnten wir

nichts vom Innern des Landes sehen, selbst nicht den merkwürdigen Landsee, auf dem Berggipfel nahe dem Mittelpunct der Insel so hoch gelegen, daß er oft buchstäblich über den Wolken erhaben ist. Wir brachten daher den größten Theil der Zeit in der wirthlichen Behausung des Hrn. Decourcy zu und Abends ward das gestrige Concert wiederholt.

Am 20. Juli gingen wir mit der Convoi unter Segel nach Tortola. In der Ferne sahen wir die Inseln St. Vincent und St. Lucia, deren Berggipfel in Wolken gehüllt waren.

Am 25. Juli führte ein heftiger Wind dichte Nebel herbei, die uns den Anblick des Landes gänzlich abschnitten, so daß wir auf unsere Berechnungen reducirt waren, worauf wir jedoch keine vollkommene Zuversicht setzten. Wir glaubten, in der Nähe der Virgin Gordas zu seyn, und wandten uns, um das Land zu erreichen. Während wir aber zuversichtlich darauf zusegelten, begann der Nebel zu schwinden, und wir sahen zu unserm Schrecken, daß unsere Schiffe unmittelbar vor den furchtbaren Felsen dieser Inseln in der größten Gefahr waren, so daß wir einige Zeit wegen einiger Fahrzeuge der Convoi die größten Besorgnisse hegten.

Die Inseln sind die unfruchtbarsten im ganzen Westindischen Archipel; doch bieten sie nichtsdestoweniger höchst sonderbare, phantastische Naturscenen dar. Weil wir zu weit nordwärts gesegelt waren, befanden wir uns in der Nothwendigkeit, die ganze Felsenkette nahe entlang zu segeln, um die Durchfahrt, bekannt unter dem Namen der Round-rock-passage, zu treffen, die uns in den Hafen von Tortola führen mußte. Bei dieser Gelegenheit hatten wir eine nahe und deutliche Aussicht der oben erwähnten Felsen, die man so passend als möglich: die verfallne Stadt (Fallen City) genannt hat. Der Gesammtblick auf die Virgin Gorda bietet dem Auge durchgängig schwarze Gegenstände dar; auf dieser Insel allein sieht man eine große Kette weißer Felsen, mit einer gewissen Regelmäßigkeit gereihet, so daß man Straßen, viereckige Plätze und zertrümmerte Gebäude zu sehen glaubt. Die nach Tortola führende Durchfahrt zwischen diesen Inseln ist ungemein enge und hat an der einen Seite einen Felsen, der in der Ferne eine beinahe kreisförmige Gestalt zu haben scheint, und daher den Namen des runden Felsens (Round Rock) erhalten hat. Er bildet ein treffliches Merkzeichen zur Wahrnehmung der Durchfahrt. Wir ankerten um Abend im Hafen von Tortola, wo der Rest der Convoi unserer Ankunft harrte, um nach England abzusegeln. Tortola ist eine der uninteressantesten Inseln unter dem Winde. Ihre hohen dürren Gebirge bieten anstatt des lieblichen grünen Teppichs, der die andern Inseln auszeichnet, eine theils schwarze, theils fahle Außenseite dar. Das Wetter war düster und stürmisch und die schwarzen Felsen rund umher erinnerten mich an Norwegens Küsten. Die Stadt war gleich den meisten Englischen Städten in heißen Zonen schlecht gebaut und ohne irgend einen anziehenden Gegenstand. Wenn aber das Aeußere der Häuser nicht einladend war, so herrschte we-

8*

wenigstens im Innern die größte Gastfreiheit. Da die ganze Consuite hier versammelt war, befand sich eine große Anzahl von Fremden in der Stadt, und die Häuser der Kaufleute waren sämmtlich in Gasthöfe umgewandelt, wo es keiner Einführung bedurfte und an keine Rechnung gedacht ward. Ich bemerkte hier eine eigenthümliche und, wie man mir sagte, dauernde Probe der hiesigen Gastfreiheit; es stand nämlich in allen angesehnen Häusern eine ungeheure gefüllte Punsch-Bowle von 2 bis 3 Gallonen nebst einer Anzahl von Pocalen mit mehreren großen Löffeln und Humpen rund umher, und jeder Durstige brauchte nur hereinzutreten und sich selbst zu bedienen.

Während der zwei Tage, die wir in Tortola zubrachten, ward der Zustand unseres Schiffes aufs Neue untersucht, und das Resultat dieser Untersuchung erregte die größten Besorgnisse für die Haltbarkeit desselben; gewiß war es, daß es keinen heftigen Sturm aushalten könne. Ein Kriegsschiff von 74 Kanonen war bestimmt, mit der Convoi heimzusegeln, und man fand nöthig, den Nimrod während der Ueberfahrt unmittelbar neben demselben hersegeln zu lassen, damit es stets bei der Hand wäre, ihm im Nothfalle Beistand zu leisten.

Am 28. ward der Convoi das Signal gegeben, die Anker zu lichten, und wir alle waren voll froher Hoffnung, ungeachtet des zerbrechlichen Zustandes unseres Schiffes, in wenig Wochen unser Vaterland wieder zu sehen. Aber oft wird uns der Becher der Freude von den Lippen gerissen, bevor wir den Inhalt desselben kosten können.

Schon war die Convoi unter Segel und nahm mit günstigem Winde ihre Richtung gegen Norden von Tortola; — schon warf ich den letzten Abschiedsblick auf die sich immer weiter entfernenden Antillen, als sich eine Kriegsbrigg zeigte und den Commodore durch ein Signal benachrichtigte, daß sie vom Admiral Depeschen für uns überbringe. Nach einigen Stunden hatte ich den Verdruß, zu finden, daß ich das einzige Individuum war, worauf sich die Depeschen bezogen. Der Oberbefehlshaber hatte mich ausersehen, auf der kürzlich den Franzosen abgenommenen Insel Maria Galante, wo damals Krankheiten herrschten, ärztliche Hülfe zu leisten. Schon vier Gesundheitsbeamte nebst der Hälfte der Besatzung waren dort gestorben und fast der ganze Rest war in den Hospitälern. Also anstatt der Rückkehr nach England winkte mir dieser gefahrvolle Posten. Es hieß jedoch nur eine Gefahr gegen die andere vertauschen; denn der Zustand des Nimrod war von der Art, daß man nöthig fand, ihn durch Stricke, die rund umher straff angezogen wurden, zusammenzuhalten, in welchem Zustande er zum nicht geringen Erstaunen der Schiffsbaumeister, die ihn auseinander nahmen, zu Plymouth eintraf.

Die Brigg, welche abgeschickt war, mich zum Oberbefehlshaber abzuholen, war der Pustuck; sie kehrte unverzüglich nach Tortola zurück, weilte dort zwei Tage, um Wasser einzunehmen, und setzte dann ihre Fahrt nach Antigua fort. Dieß Schiff war ein Französischer Caper gewesen und ward für den schnellsten Segler auf dieser Station gehalten, auch hatte es eben deßwegen früher viel Glück gehabt. Da es reparirt werden sollte, segelten wir nach **Englisch-Hafen** (English-Harbour), wo einzig auf dieser Station beträchtliche Docken angelegt sind. Dieser Hafen ist groß und tief genug, Schiffe jeder Größe aufzunehmen, doch ist die Einfahrt so enge, daß die Schiffe hereinbugsirt werden müssen. Er liegt angenehm, und ist an allen Seiten umgeben von hohen mit Gesträuch bedeckten Hügeln. Auf den Gipfeln der Bergketten zur Rechten und Linken der Einfahrt sind geräumige und bequeme Baracken, und im Hintergrunde des Hafens, der sich malerisch um die überhängenden Gebirge windet, liegt auf einer, übrigens nicht zweckmäßig gewählten Anhöhe das Marine-Hospital. Es giebt hier keine Stadt, obwohl das hiesige Arsenal eines der vorzüglichsten auf dieser Station ist und eine Anzahl von Kriegsschiffen hier stets in Ausbesserung liegt. Die vorzüglichste Stadt, St. Johns, liegt an der Westseite der Insel, etwa 12 Meilen von diesem Orte; dort lag damals die Eccabre; doch befand sich der Admiral mit seinem Stabe in Englisch-Harbour. Kriegsschiffe kommen selten zu andern Zwecken hieher, als um ausgebessert zu werden, da dieß einer der ungesundesten Erdflecke in Westindien ist. Wenigstens sterben hier jährlich mehr Matrosen als in der ganzen übrigen Station der Inseln unter dem Winde, mit Ausnahme von Barbados. Schon die Lage des Hafens ist ungesund, indem er dergestalt von Bergen umgeben ist, daß der Durchzug der Luft verhindert und die Hitze unerträglich wird. In der That scheint es in diesen Weltgegenden keinen Fleck zu geben, der nicht von Zeit zu Zeit vom gelben Fieber heimgesucht wird, wodurch sie das Grab der Europäer werden. Mehrere zusammentreffende Ursachen befördern hier das Fieber. Die Schiffsmannschaften müssen auf dem Schiffswerft unter den senkrechten Strahlen der Sonne schwere Arbeiten verrichten und wissen trotz der strensten Disciplin sich zu wohlfeilen Preisen Rum zu verschaffen; — eine Versuchung, die für einen Matrosen unwiderstehlich ist. Wird ein einzelnes mäßiges Individuum ein Opfer der Krankheit, so ist dieß für sie hinreichend zu der Schlußfolge, daß Mäßigkeit keine Sicherheit gewähre, und daß sie gefahrlos sich dem Uebermaß von Genüssen so lange sie noch in ihrem Bereiche sind, überlassen können.

Während die Schiffe ausgebessert werden, sind die Mannschaften sämmtlich in einem langen Gebäude, das **Kabestan-Haus** \*) genannt, zusammengedrängt, welches trotz aller Vorsichtsmaßregeln zur Beförderung des Luftzuges und der Reinlichkeit, jederzeit ein Treibhaus von Krankheiten gewesen ist. Englisch-Hafen war so verderblich für unsere Seeleute, daß der Oberbefehlshaber Sir Alexander Cochrane, der jederzeit die größte Sorgfalt für die Gesundheit der Mannschaften an den Tag legte, aufs strengste befahl, kein Capitain soll hieher gehen, wenn er nicht die bestimmtesten Befehle dazu habe; auch werden die Schiffe, die der Reparatur bedürfen, so schnell als möglich ausgebessert und wieder in See geschickt, wo die

---

\*) Kabestan ist die gewöhnliche Benennung für eine Ankerwinde. A. d. U.

Mannschaften bald wieder gesund werden. Man hat vorgeschlagen, das Hospital zu verlegen, da eine verhältnißmäßig weit größere Menge Matrosen hier stirbt, als in Barbados. Die Lage dieses Hafens hat nach das Nachtheilige, daß sich windwärts desselben ein Morast befindet; und viele Seeleute, die nie das Fieber gehabt haben, bekommen es, wenn sie wegen irgend einer andern Krankheit in dieß Hospital geschickt werden. Die beabsichtigte Verlegung desselben auf eine den Seewind genießende Anhöhe ist in der That sehr wünschenswerth. Der Oberwundarzt Dr. Cumming war eben damals ein Opfer der Krankheit geworden, sein Nachfolger, Hr. Hardy, ein liebenswürdiger talentvoller und unterrichteter junger Mann hatte sich so eben erst hier niedergelassen, nachdem er vier Jahre als Wundarzt auf der Fregatte Jason in dieser Weltgegend gedient hatte; er erzählte mir, daß er während dieser ganzen Zeit niemals auch nur an Kopfschmerzen gelitten habe. Einige Wochen nach meiner Abreise erlag auch er dieser furchtbaren Landplage. Ganze Schiffsmannschaften sind während der Ausbesserung ihrer Fahrzeuge auf dieser verpesteten Station hinweggerafft, wieder ersetzt und die an der Stelle der ersten getretenen gleichfalls ein Opfer der Krankheit geworden.

Da die Escabre unverzüglich nach Marie Galante abgehen sollte, fuhr ich in einem Vorrathsschiff nach St. Johns über, wo die Schiffe in bedeutender Ferne von der Stadt ankerten, die ich, weil wir schon am folgenden Morgen früh absegelten, nicht Gelegenheit gehabt hatte, zu besuchen. Man sagte mir jedoch, daß sie regelmäßiger und schöner gebaut sei, als irgend eine andere Englische Stadt in dieser Weltgegend. Die Insel Antigua ist die beträchtlichste der Inseln unter dem Winde, weit größer als selbst Barbados, und trefflich angebaut. Der hier bereitete Rum kommt dem von Jamaica gleich und wird in ganz Westindien sehr geschätzt. Ohne Zweifel würde diese Insel zum Hauptquartier der Station gewählt werden, wenn nicht die Insel Barbados allen übrigen so weit windwärts läge, daß sie die größte Leichtigkeit gewährt, ihnen sämmtlich ohne Aufschub militärische Hülfe zukommen zu lassen. Aus dem nämlichen Grunde kommen dort alle Paketböte von England an und berühren auf ihrer Heimkehr die übrigen Inseln unter dem Winde.

Am Morgen nach meiner Ankunft auf dem Flaggenschiff segelte die Cécrops nach Marie Galante ab, wo wir am dritten Tage nach unserer Abfahrt von St. Johns eintrafen. Wir passirten den Canal zwischen der Insel Guadeloupe und der kleinen Insel Petite Terre. Die letztere ist ein Zubehör von Marie Galante, ist aber unbewohnt. Sie hat einen flachen, sandigen, mit Holzungen bedeckten Boden, und in ihrer Mitte einen Landsee mit frischem Wasser und einer Fülle von Fischen; auch giebt es dort eine Menge Caninchen, Guanas, Hangouties und andere eßbare Thiere. Als wir die westliche Küste von Marie Galante entlang fuhren, hatten wir Gelegenheit, die Schönheit ihrer Gefilde zu beobachten. Diese Insel hat viel Aehnliches mit Barbados und fast den nämlichen Umfang; doch ist sie dichter mit Holzungen bedeckt. Sie gehört zum Gouvernement von Guadeloupe und ward im

Anfange des letzten Märzmonats ohne Befehl aus der Heimat und ohne Zuthun des Oberbefehlshabers der Landtruppen in Besitz genommen. Sir Alexander Cochrane betrachtete sie jedoch als eine wichtige Station zur wirksameren Blokirung von Guadeloupe, indem sie etwa vierzig Meilen windwärts von dieser Insel liegt. In Folge dieses Mangels an Einverständniß zwischen den See- und Landtruppen schickte der Admiral zur Vertheidigung der Insel eine Besatzung, bestehend aus den Marinesoldaten der verschiedenen Schiffe, und die gesammte Mannschaft der Besatzung, nebst Officieren und allem Zubehör bestand aus Seeleuten oder Marinetruppen.

Seltsam waren die näheren Umstände der Wegnahme dieser Insel. Der Angriff geschah, entweder zufällig oder absichtlich, früh Morgens nach dem letzten Carnevals-Abend. Jenen Abend pflegen alle Einwohner, vom Höchsten bis zum Niedrigsten festlich zu begehen; auf allen öffentlichen Plätzen wird im Freien getanzt. Die Häuser der vornehmsten Einwohner und in der That die ganze Stadt Grandbourg bildet dann nur eine Maskerade, wo Frohsinn und gesellige Freude herrschen. Ein großer Theil der Nacht wird mit Ringelrennen hingebracht, und am folgenden Morgen bei Sonnenaufgang findet man Wenige außer den Betten, ausgenommen etwa einige der entschlossensten Tänzer in ihren Maskenkleidungen, die einem eindringenden Feinde kein Hinderniß in den Weg legen konnten.

Etwa zweihundert Mann wurden von der Circe und zwei andern Schiffen in der Bai von St. Louis bei ei-

nem Dorfe gleiches Namens etwa zehn Meilen von Grandbourg unter den Befehlen des Capitains Hugh Pigot von
der Circe ans Land gesetzt. Ohne Widerstand marschirten
sie die Küste entlang und kamen zwischen sechs und sieben
Uhr Morgens unbemerkt bis vor die Stadt, eine viertel
Meile vom Fort. Sie machten Halt am Eingange der
Stadt; jetzt ward die Nachricht vom Angriffe dem noch
im Bette liegenden Commandanten hinterbracht, der, so
ungelegner Weise gestört, schnell in die Kleider fuhr, sein
Pferd bestieg und in größter Eile sich ins Innere der Insel begab, um, wie er sagte, die Miliz unter die Waffen
zu bringen. Einige Städter waren beim ersten Lärmen
ins Fort geeilt und hatten ein altes eisernes Feldstück
herausgeholt, mit dem Entschlusse, dasselbe gegen den
Feind spielen zu lassen; wirklich rückten sie damit bis auf
Pistolenschußweite ihrem Feinde entgegen und begannen es
zu laden, während eine Deputation den Commandanten
aufgesucht hatte, um seine Absichten zu vernehmen. Der
einzige Befehl, den ihm seine Eile zu ertheilen verstattete,
war, das Feldstück abzufeuern; allein einer der Stadtbewohner, (ein seit langer Zeit dort ansässiger Englischer
Kaufmann, erwägend, daß keine andere Waffen vorräthig
waren, als dieß Feldstück, und daß man es nur ein ein-
zigesmal abfeuern konnte, ergriff eine Stillstandsflagge und
ward von den Städtern beauftragt, eine Stunde Bedenk-
zeit zu verlangen, um über eine Capitulation zu rathschla-
gen. Der Capitain Pigot wollte ihnen jedoch keine Mi-
nute Zeit verstatten, und die Truppen rückten in zwei Colonnen von zwei verschiedenen Seiten zugleich vor. Das

Feldstück ward sogleich verlassen, die Stadtbewohner kehrten in ihre Häuser zurück, anstatt der Französischen Flagge ward die Englische auf dem Fort aufgezogen, und die Insel war in feindlichen Händen, bevor ein Drittel der Einwohner noch aus den Betten war. Mit großer Kaltblütigkeit vernahmen sie die Nachricht von diesem Wechsel der Dinge und bewirtheten die Englischen Officiers mit gewohnter Gastfreiheit. Dem Gouverneur ward ein Detaschement nachgeschickt; er hatte sich auf eine Pflanzung geflüchtet und ward gegen Abend als Kriegsgefangener eingebracht. Regelmäßige Truppen befanden sich nicht auf der Insel, außer acht bis zehn Mann, die zu Kriegsgefangenen gemacht wurden. Die Kriegsmacht der Insel bestand lediglich aus der Miliz, die sich auf mehr als tausend Mann belief; aber diese Art von Truppen vermochte wenig gegen einen coup de main.

Nachdem auf diese Weise der Platz in Besitz genommen war, ward eine Garnison von 4—500 Marinesoldaten von den verschiedenen Schiffen zum Schutze desselben ans Land gesetzt. Anfangs genossen die Truppen einer guten Gesundheit, und sowohl die Neuheit als die Annehmlichkeit der Lage für Officier und Mannschaft machte sie unvorsichtig, ja, daß gegen die herannahende feuchte und schädliche Jahreszeit keine schützende Maßregeln getroffen wurden. Die Truppen paradirten und exercirten in der Mittagszeit; ein oder zweimal wöchentlich wurden Waffenübungen im Freien gehalten, kurz, es ward die nämliche Disciplin beobachtet, als in den Baracken zu Chatham. Bald zeigten sich die Folgen hievon; das Hauptquartier war zu Grandbourg, einer kleinen in einer sumpfigen Gegend liegenden Stadt, an drei Seiten, umgeben von Morästen, die sich, insbesondere windwärts, in ziemlich weiter Ferne ausdehnten. Namentlich ist das Fort nebst den Baracken auf dem ungesundesten Theile dieses morastigen Bodens angelegt; das Wasser sammelte sich rund um die Baracken und es war kein Sicherungsmittel gegen Krankheitsgefahr getroffen, bis das Fieber auf die schrecklichste Weise zu wüthen begann. Viele Marinsoldaten von der Besatzung hatten zwar schon lange auf dieser Station gedient, nie aber bis dahin das Land betreten; — ein Umstand, der sie mit neuen Ankömmlingen auf gleichen Fuß setzte. Am gefährlichsten war aber die Leichtigkeit, womit sich die Truppen den schlechtesten Rum von der Welt verschaffen konnten; Viele betranken sich täglich, und selbst die strenge Disciplin, die man in der Folge einführte, war nicht hinreichend, sie davon abzuhalten.

Am Ende des Maimonats stellten sich häufig Geschwüre ein, die eben so verderblich und sogar noch verheerender waren als das Fieber, da sie durch die Trunksüchtigkeit der Patienten fast unheilbar wurden. Im Anfang des Junius begann das Fieber zu wüthen, und so furchtbar waren die ersten Anfälle desselben, daß viele innerhalb vierundzwanzig Stunden, und manche in noch kürzerer Zeit daran starben. Während der Monate Juni und Juli blieb es fortwährend im Zunehmen, und im Anfang des August begannen auch die Offiziere die verheerenden Wirkungen desselben zu empfinden. Innerhalb 14 Tagen wurden 8 Offiziere nebst mehreren Gesundheitsbeamten davon hingerafft. So war die Lage der Dinge, als ich diese Insel betrat. Die Besatzung war bis auf weniger als 200 Mann zusammengeschmolzen, von denen 160 in den Hospitälern waren. Hier wie in den meisten dieser Inseln fand ich die Gegend sehr schön; aber mehr noch war mir die Zierlichkeit der Stadt auffallend, die, obwohl eigentlich nur ein Dorf, an Eleganz alle Englische Städte, die ich innerhalb der Wendekreise gesehen hatte, übertraf. Die Straßen durchschneiden einander in rechten Winkeln und der Ort hat drei kleine, aber sehr hübsche öffentliche Plätze. Der Gouverneur, Capitain Pigot, hatte eine sehr bequeme Wohnung in Besitz genommen, die dem Pfarrer des Kirchspiels zugehörte, nahe vor der Stadt lag und zwar klein, aber mit allen nöthigen Bequemlichkeiten versehen war. Das Französische Gouvernementshaus war wegen der ungesunden Lage der Baracken den Truppen eingeräumt.

Der Zustand der Besatzung war beklagenswerth; Jeder, den das Fieber befiel, glaubte sich ohne Rettung verloren und ward gleichgültig gegen sein Schicksal. Wenn die Kranken ins Hospital gebracht wurden, waren sie von ihrem nahen Tode so fest überzeugt, daß sie sich häufig in den Häusern der farbigen Einwohner oder an irgend einem andern Orte, wo sie Zuflucht finden konnten, versteckten. Oft mußte ich sie in der Stadt und Umgegend aufsuchen lassen und hatte viel Mühe, sie zu bereden, ihren Versteck zu verlassen. Diese Schwierigkeit ward indeß gehoben, so wie die Sterblichkeit sich minderte und das Vertrauen wieder hergestellt ward. So wie die Kranken zu genesen begannen, wurden sie ins Innere des Landes in höhere Gegenden geschickt, wo der Gouverneur Krankenhäuser miethete, um ihnen eine Veränderung der Luft zu verschaffen. Sie lagen etwa zwei Meilen von der Stadt, und alle Kranken, die gefahrlos transportirt werden konnten, wurden dahin geschickt. Von den Officieren der Marinetruppen der Besatzung waren nur noch zwei oder drei übrig, und sämmtliche Gesundheitsbeamte waren entweder todt oder genöthigt, in Folge des Fiebers, welches sie an den Rand des Grabes gebracht hatte, die Insel zu verlassen. Ich hatte zwei Unter-Chirurgen mitgebracht, die drei Wochen nach unsrer Ankunft beide todt waren.

Mein schwerer Dienst verstattete mir wenige Muße zu Excursionen in das Innere des Landes, ausgenommen in die Gegend der ebenerwähnten Krankenhäuser. Es trug sich jedoch bald nachher ein Vorfall zu, der mir Gelegenheit gab, einen großen Theil der Insel in Augenschein zu nehmen. Dieser Umstand verdient eine ausführlichere Erzählung, da er, so viel ich weiß, bis jetzt dem Publicum in keiner andern Form bekannt geworden ist, als durch den bescheidenen, kurzen Bericht des Capitains Pigot an den Oberbefehlshaber, worin der Berichterstatter alles, was ihn selbst betraf, entweder überging oder nur oberflächlich berührte.

Die Französischen Bewohner der Insel waren unzufrieden mit ihren neuen Gebietern und wünschten, ihre verlorne Ehre wieder zu erlangen; denn in commercieller Hinsicht hatten sie bei dem Wechsel sehr gewonnen. Sie hatten die Fortschritte des Fiebers genau beobachtet und sahen mit Vergnügen, daß die dienstfähige Truppenzahl der Besatzung bis auf etwa 25 Mann zusammengeschmolzen war, indem die übrigen in den Hospitälern krank lagen. Unter diesen Umständen wandten sich die unruhigsten und unzufriedensten Einwohner mit einer Bittschrift an den General Ernouf, Gouverneur von Guadeloupe, den sie um Beistand baten und sich anheischig machten, die ganze Englische Besatzung zu Kriegsgefangnen zu machen. Dieß war in der That möglich; aber so wenig waren die Officiere der Besatzung dagegen auf ihrer Hut, daß, obgleich alle Weiber und Kinder auf der Insel um die vorhandene Verschwörung wußten und die Männer ihren Uebermuth und selbst Drohungen gegen uns nicht zurückhalten konnten, dennoch der Gouverneur und sein Stab sich vollkommen sicher hielten, und die Idee eines Angriffsversuches belachten. Es ward keine Vorsichtsmaßregel gegen einen Ueberfall getroffen, und hätte man ihn wirklich mit Gewißheit vorausgesehen, so würde die Besatzung in ihrem damaligen Zustande nicht fähig gewesen seyn, sich wachsam zu zeigen; denn als ich am 18. August auf der Insel landete, konnte ich kaum soviel Gesunde auffinden, um die Kranken zu pflegen. Mein schwerer Dienst erlaubte mir daher nicht, mit Einwohnern Bekanntschaft zu machen oder zu unterhalten. Ich hatte von den wenigen noch übrigen Officieren der Besatzung viel von ihrer Höflichkeit und Gastfreiheit gehört, und die wenigen, mit denen ich einigen Verkehr hatte, bewahrheiteten diesen Ruf.

Vier Tage nach meiner Ankunft (am 22.) ward ich Abends bei der Rückkehr von meinem Besuche in den Landhospitälern von einem Pflanzer, dessen Wohnung ich vorbeikam, angehalten, mit der höflichen Bitte, abzusteigen und an einer bei ihm versammelten frohen Gesellschaft Theil zu nehmen. Diese Einladung ward unterstützt von der Hausfrau, einer Dame von feinen Manieren, die, begleitet von mehreren wohlgekleideten, in ihre Bitte einstimmenden Frauenzimmern aus dem Hause hervortrat. Es war nicht leicht, solchen Supplicantinnen etwas abzuschlagen, und ob ich sie gleich nie zuvor gesehen hatte, so lag doch anscheinend soviel Herzliches in ihrer Einladung, daß ich nicht zu widerstehen vermochte; ich stieg ab, ward mit der größten Höflichkeit ins Haus geführt, und mein Pferd aufgestallt. Ich fand eine ziemlich zahlreiche gemischte Gesellschaft von Herren und Damen, die mir die größte Aufmerksamkeit bewiesen. Die Damen äußerten gegen mich: die Haupturfache, weshalb sie mich angehalten hätten, sei die Absicht gewesen, mich auf den nächstfolgenden Morgen zum Frühstück einzuladen, da sie mehrere Freunde erwarteten. Sie wüßten, — fuhren sie fort, — daß die Besorgung der Kranken den größten Theil meiner Zeit wegnehme; da ich aber gewöhnlich zur Frühstückzeit ihr Haus vorbeizupassiren pflegte, so dächten sie, ich könne wohl eine halbe Stunde erübrigen, um sie durch meine Gesellschaft zu beehren. Die Französinnen haben eine so einnehmende Beredsamkeit und wissen jedem Einwande mit so mancherlei Abhülfemitteln zu begegnen, daß ich, so sparsam mir auch meine Zeit zugemessen war, die Einladung zum Frühstück annahm. Hierauf folgte die Bitte, daß ich so viele Officiere von der Besatzung, als ich nur könnte, und insbesondere den Adjutanten, Hrn. Jones, für den sie die größte Achtung bezeigten, bereden möchte, mich zu begleiten, und bevor sie mich ziehen ließen, mußte ich ihnen versprechen, allen meinen Einfluß zur Annahme dieser Einladung bei ihm anzuwenden. Bei meiner Rückkehr in die Stadt theilte ich diese Einladung dem Adjutanten mit, der sie annahm und mich am folgenden Morgen zu begleiten versprach. Keiner von uns ahnte etwas Arges, und am nächsten Morgen früh, während ich die Hospitäler in der Stadt besuchte, bediente sich der Adjutant ohne mein Vorwissen meines Pferdes, um sich an den bestimmten Versammlungsort zu begeben, wohin er einen Negersclaven mitnahm, um mir das Pferd zurückzubringen. Als ich nach Beendigung meiner Morgenbesuche zu meiner Unzufriedenheit das Pferd vermißte, und 8 Uhr, die zum Frühstück bestimmte Stunde, vorbei war, beschloß ich, beim Gouverneur zu frühstücken; hiedurch entging ich einem Abenteuer, welches sehr unangenehme Folgen für mich hätte haben können, die den Adjutanten wirklich trafen. Die Wohnung des Pflanzers, der uns zum Frühstück geladen hatte, war zwei Meilen von der Stadt; der Weg führte durch eine Schlucht, deren Abhänge mit einer Menge von Fruchtbäumen, wild wachsenden Orangen, Citronen, Limonien und Mammy-Apfelbäumen prangten, und eine entzückende Naturscene bildeten. Dieß liebliche Thal entlang ritt langsam der Adjutant, begleitet von seinem Neger zu Fuß; kaum hatte er, in tiefes Nachdenken versunken, den Gipfel des Hügels erreicht, wo das Pflanzerhaus liegt, als ihn plötzlich ein Soldat in Französischer Uniform anrief, der, nachdem er seinen Ruf mehrmals wiederholt hatte, ohne Antwort zu erhalten, endlich in einem Augenblicke, als je er den ihm gelegten Hinterhalt wahrnahm, auf ihn feuerte. In der Entfernung von einigen Yards sah er jetzt eine Anzahl Französischer Officiere und viele der angesehensten Inselbewohner gerade vor sich unter dem Schatten der Bäume ein kostbares Frühstück einnehmen; dieß waren die Freunde, zu deren Gesellschaft wir eingeladen waren. Der Schuß der Schildwache hatte dem Adjutanten den Hut durchbohrt und abgeworfen; in der Verwirrung, worin diese Ueberraschung ihn versetzte, gab er dem Pferde die Sporen, worauf es augenblicklich zum Erstaunen der Gesellschaft einen Satz mitten durch den Frühstücksapparat machte, und mit seinem Reiter im Dickicht verschwand.

Inmittelst geschahen von den Schildwachen mehrere Schüsse nach ihm und in der Folge erfuhr ich, daß man auf die Fürbitte der Damen, insbesondere der Wirthin, keine weitere Versuche gemacht habe, sich seiner Person zu versichern. Die Freunde, zu deren Gesellschaft man uns so dringend eingeladen hatte, bestanden nämlich aus einem Detaschement von 120 Mann, die, abgeschickt vom General Ernouf auf Guadeloupe, Nachts in der Vai von St. Louis unter den Befehlen eines Obristen gelandet waren. Alle vornehmsten Einwohner hatten sich diesen Truppen angeschlossen, und es war verabredet, daß sie sich vor dem Angriff auf die Stadt an diesem Orte zum Frühstück in freier Luft versammeln wollten. Aus dem nachherigen Benehmen dieser Damen schließe ich, daß sie keine andere Absichten hatten, als unsere Personen in Sicherheit zu bringen, ohne uns in Gefahr zu setzen, und zugleich die Besatzung so sehr als möglich von Officieren zu entblößen. Da der ganze Plan durch diesen Zufall entdeckt war, blieb den Franzosen nichts weiter übrig, als ihr Frühstück so schnell als möglich zu verzehren und sogleich zum Angriff zu schreiten.

Die Brittischen Stabsofficiere waren sämmtlich mit dem Gouverneur beim Frühstück, als der Adjutant, der dem Feinde durch einen Umweg entgangen war, ohne Hut vor das Gouvernementshaus sprengte und die Annäherung der Französischen Truppen verkündete. In dem nämlichen Moment entdeckte die Schildwache am Thore die Bajonette einer, etwa eine Englische Meile weit von der Stadt den Hügel herabkommenden Colonne. Von der eben damals auf der Rhede liegenden Fregatte Circe erfolgte ein Kanonenschuß, und die Nachricht, daß eine zweite Colonne in gleicher Ferne auf einem andern Wege herannahe. Es war keine Zeit zu verlieren, und die nöthigsten Maßregeln mußten mit der äußersten Schnelligkeit getroffen werden. Alle irgend waffenfähige Marinesoldaten waren sogleich streitfertig und achtzig Seeleute von der Fregatte wurden in der möglichsten Geschwindigkeit ans Land gesetzt. Der Gouverneur beschloß, sich im Fort zu vertheidigen, welches bloß in einem kleinen Viereck bestand, an drei Seiten umgeben mit einem Pfahlwerk und an der vierten, zunächst der See, mit einer Brustwehr. Nur an dieser Seite war es gegen einen Angriff geschützt. Der Eingang zum Fort bildete eine der Seiten eines schönen viereckigen, mit zwei Reihen Bäumen bepflanzten Rasenplatzes, dessen größte Länge etwa 100 Yards betrug; an den drei übrigen Seiten war er mit Häusern umgeben. An der Ostseite der Stadt befand sich eine Savanna oder Wiese, etwa eine Viertelmeile lang; hieher sah man eine Französische Colonne rasch vorrücken. Um sie auf eine kurze Zeit zu beschäftigen und der Schiffsmannschaft der Fregatte zum Heranrücken Zeit zu verschaffen, ließ man 16 Marinesoldaten über die Wiese bis nahe an den Ort vorrücken, wo eine Französische Colonne von etwa 60 Mann unter Tamarindenbäumen, das Gewehr im Arm, ruhend die Ankunft der übrigen Colonnen erwartete. Nachdem ich zur Aufnahme der Verwundeten im Fort die nöthigen Anstalten getroffen hatte, begleitete ich den Gouverneur und seinen Stab auf die Wiese, wo ich mit Vergnügen die Unerschrockenheit der Marinesoldaten beobachtete, die nahe an die Französischen Truppen heranrückten und mit großer Wirkung unter sie feuerten, obgleich in demselben Augenblick eine andere Colonne von gleicher Stärke zu ihrer Unterstützung schnell heranrückte. Die Franzosen waren durch den kühnen Angriff dieser Handvoll Leute nicht wenig außer Fassung gebracht, und begannen sogleich, die Angreifenden zurückzutreiben. Die Marinesoldaten zogen sich nach der Weise leichter Truppen in guter Ordnung zurück und machten mit Verlust von 2 Todten und 2 oder 3 Verwundeten jeden Zoll breit Landes mit großer Tapferkeit streitig.

Immittelst waren die Seeleute ans Land gesetzt und im Fort alles zur Vertheidigung in Bereitschaft gesetzt. Zwei Sechspfünder wurden im Thorwege aufgeführt, und die Mannschaft ward, so gut die Umstände es erlauben wollten, dicht innerhalb der Pallisaden aufgestellt. Die Marinesoldaten zogen sich in trefflicher Ordnung ins Fort zurück; ihnen folgten auf dem Fuße die Franzosen, deren Zahl durch die zu ihnen stoßenden Einwohner schnell anwuchs; die Stadt war gänzlich geräumt und die Häuser waren verschlossen. Schon beim ersten Allarm war der Befehlshaber der Besatzung, Major Illsaley, aus der Stadt gesprengt, um sich von der Stärke des Feindes zu vergewissern und seine Bewegungen zu beobachten; zufällig nahm er einen andern Weg, als die feindlichen Colonnen, so, daß er, ohne sie zu sehen, bis an unsere Landhospitäler gelangte und schon glaubte, es sei Alles ein falscher Lärm, um so mehr, da er fand, daß man im ersten Hospital keinen Feind gesehen hatte. Im zweiten erfuhr er jedoch, daß die in demselben befindliche Mannschaft zu Kriegsgefangnen gemacht und eine Schildwache vor dem Hause aufgestellt sei, die man bald nachher zurückgezogen habe. Aus diesem Hospital konnte der Major die ganze Ebene übersehen, nebst der Stärke und den Bewegungen des Feindes. Schon hatte das Scharmützel auf der Wiese seinen Anfang genommen und es war keine Zeit zu verlieren, da der Feind sich zwischen ihm und dem Fort befand. Nachdem er der Mannschaft im Hospital befohlen hatte, so gut sie könne, die Küste entlang unbemerkt dem Fort zuzuschleichen, nahm er selbst den nämlichen Weg, gelangte unbemerkt vom Feinde im Rücken desselben an den Strand und bis auf en kleinen viereckigen Platz den Thoren des Forts gegenüber, und zwar zu gleicher Zeit mit den Feinden, doch an einer entgegengesetzten Ecke. Aber hier schien ihn sein Glück verlassen zu haben; denn in dieser nämlichen Ecke wohnte der Eigenthümer des Pferdes, welches er ritt; es wollte ihn schlechterdings nicht weiter tragen, und es entstand daraus ein Aufenthalt von einigen Minuten im Angesichte der Feinde, deren mehrere auf ihn schossen und sein Pferd verwundeten, worauf es einen Satz that, und mit dem Major in das Fort sprengte, als eben die Franzosen anzurücken im Begriff waren. So wie sie sich der Ecke der Straße näherten, die auf den kleinen offnen Platz führt und uns gegenüber standen, ließen sie zum Sturmschritt trommeln, so daß wir glaubten, es sei ihre Absicht, das Fort zu erstürmen. Unmittelbar nachher erschien der commandirende Officier, begleitet von einem Sergeanten und Trommelschläger, an der Spitze seiner Division, und rückte im gewöhnlichen Schritte bis auf die Mitte des Platzes vor, wohin ihm jedoch seine Truppen nicht folgten, wie er erwartet zu haben schien, sondern sogleich die Häuser zu beiden Seiten der Straße besetzten.

Der Gouverneur, Capitän Pigot und die meisten Officiere standen an den Thoren des Forts; kein Schuß war bis jetzt gefallen; Jeder war in Bereitschaft und voller Erwartung. Der Französische Officier war jetzt so nahe herangekommen, daß er, wenn es seine Absicht gewesen wäre, mit den Gouverneur hätte sprechen können, und dieß muß der Fall gewesen seyn, sonst wäre sein Benehmen unerklärlich; denn er salutirte mit dem Degen, wenigstens bin ich immer der Meinung gewesen, daß dieß die Bedeutung seiner Schwenkung war; denn wir standen nicht weiter als zwanzig Yards von ihm. So viel ist gewiß, daß die Franzosen keinen Widerstand erwarteten; aber was auch immer seine Absichten seyn mochten, so hielten die Französischen Truppen, die jetzt alle Fenster der Häuser besetzt hatten, jene Schwenkung des Degens für ein Signal zum Feuern, und gaben augenblicklich eine volle Salve. Capitän Pigot versuchte, die Seeleute vom Feuern abzuhalten, bis er die Absichten des Französischen Officiers vergewissert haben würde; aber es war zu spät, denn sie hatten einige Minuten in gespannter Erwartung geharrt, und in dem Augenblick, wo die Feinde auf sie feuerten, brannten auch sie ihre Gewehre los, und da jener unglückliche Officier sich ihnen als ein ausgezeichnetes Ziel darstellte, ward eine Menge Flintenschüsse auf ihn gerichtet. Er wankte und fiel. Der Sergeant zog sich an einen Baum zurück, erhielt aber dennoch eine tödtliche Wunde. Die Trommelschläger hatten sich in einen Winkel des Platzes zurückgezogen, wo sie getödtet wurden.

Der Kampf ward jetzt sehr lebhaft, und dauerte bis Nachmittags 4 Uhr; die Franzosen hielten nicht nur die nächsten, sondern auch alle andere Häuser besetzt, die ihnen Schutz und Gelegenheit geben konnten, auf das Fort zu feuern. Zwischen 3 und 4 Uhr sah man eine Colonne auf der nach St. Louis führenden Landstraße heranrücken, mit einer großen Fahne, deren Farben nicht zu unterscheiden waren; doch schien die Mannschaft blau gekleidet zu seyn. Die Mähenden wurden zuerst von den Franzosen wahrgenommen, die eine Verstärkung von 60 Mann regulärer Truppen aus jener Gegend erwarteten und sehnsuchtsvoll nach ihnen aussahen; wir erwarteten unsrerseits von keiner

Seite Verstärkung, und sahen daher nicht nach ihnen aus; doch benachrichtigte man uns von der Fregatte aus durch ein Signal von ihrer Ankunft. Wir konnten nicht anders glauben, als daß es Franzosen wären. Gleich nachher verkündigte uns die Fregatte die Erscheinung zweier Schiffe von Norden her; dieß gab uns Hoffnung; aber die Bewegungen der Feinde offenbarten bald die Wahrheit. Sie hatten die Gelegenheit, zu recognosciren, die uns fehlte, und erkannten die Anrückenden für einen Trupp Brittischer Matrosen, worauf sie sogleich zum Rückmarsch schlagen ließen, und zwar in solcher Eile, daß ihre Todten und Verwundeten an Ort und Stelle liegen blieben. Immittelst nahete die Matrosencolonne, 4 Mann hoch marschirend, unter Vortragung einer großen, an einer Stange befestigten Unionsflagge; eben war den Franzosen ihr Abzug gelungen, als sie um 4 Uhr in die Stadt einrückte. Es ergab sich, daß der Ulysses und eine Kriegssloop am nämlichen Morgen in der Bai von St. Louis geankert hatten, und da sie 2 bis 3 große Barken am Strande gewahrten, argwohnte der Capitän Maude, daß eine Landung Statt gefunden habe, von der schon lange zuvor die Rede gewesen war. Da er vom Fort aus feuern hörte, verlor er keine Zeit, 120 Mann von den beiden Schiffen ans Land zu setzen, und an ihrer Spitze zu unsrer Hülfe heranzurücken. Seltsamerweise passirte sie auf ihrem Marsche, den sie in einer gedrängten Masse, ohne Vorhut oder Nachtrab zurücklegten, eine Französische Colonne, — die nämliche, nach welcher die Feinde so sehnsuchtsvoll aussahen, ohne sie zu sehen. Die Franzosen, denen die frembartige Equipirung dieses Trupps eben keine große Neigung empfbßte, sich mit ihm einzulassen, hatten sich hinter eine Mühle an der Landstraße zurückgezogen, und ihn unbelästigt vorbeigelassen.

Die Wahrheit zu sagen, hatte dieser Matrosentrupp ein etwas rauhes Ansehen; Jeder war mit einer schwarzen Schiffsmuskete, einem kurzen Säbel und zwei Pistolen im Gürtel bewaffnet. Einige trugen rothe Nachtmützen, andere weiße Hüte und viele waren mit langen Enterpiken bewaffnet. Ueberdieß gab die ungeheure Flagge, und die seltsame Art zu marschiren, ihnen ein so wildes Ansehen, daß die Franzosen es vielleicht der Klugheit gemäß gefunden haben, keine Experimente gegen sie zu versuchen.

Die sämmtlichen Landungstruppen von Guadeloupe waren in großen Barken, deren jede etwa funfzig Mann hielt, übergesetzt. Die erste Abtheilung hatte die Vorsicht gebraucht, ihre Barken über den Strand auf einen schönen Landsee zu bringen, wovon ich in der Folge zu reden Gelegenheit haben werde. Sie wurden hiedurch der Wahrnehmung der etwa in die Bai einlaufenden Englischen Kriegsschiffe entzogen. Die letzte Abtheilung hatte jedoch diese Vorsichtsmaßregel verabsäumt, da sie so spät eintraf, daß sie unverzüglich dem Schauplatze des Gefechts zueilen mußte.

Während des Rückzuges der Franzosen belästigten wir sie unaufhörlich, so lange sie im Bereich unserer Kanonen wären. Wir hatten im Fort einen ungemein langen Vierundzwanzigpfünder, mit welchem die Seeleute auf die Franzosen schossen; als diese einen weiter als eine Meile entfernten Hügel erstiegen. Man konnte an dem sich erhebenden Staube sehen, daß der Schuß ganz in ihrer Nähe traf. Ich hörte in der Folge von mehreren diesen Rück-zug begleitenden Personen, daß einer dieser Schüsse einen Neger getödtet hatte, der nach der Landesweise den Schweif des Pferdes eines Französischen Officiers ergriffen hatte. Auch wenn es bergauf oder langsam vorwärts geht, behalten diese Neger den Pferdeschweif in der Hand und gehen so nebenher. Dieß war der Fall mit demjenigen, der durch den Vierundzwanzigpfünder getödtet ward, ohne daß weder der Officier noch das Pferd beschädigt wurde.

Ein andrer seltsamer Zufall ereignete sich in der Stadt während des Gefechts. Es waren zwar fast alle Einwohner geflohen, einige aber, vermuthlich aus Uebermaß von Furcht, oder aus Unentschlossenheit zurückgeblieben. Unter diesen wenigen waren drei junge Damen aus angesehenen Familien, die zufällig eben damals in ihrer am Strande gelegenen Wohnung allein waren, und ohne Begleiter oder Beschützer während des Gefechts mit einer alten Negerin auf den Fußboden ihres Wohnzimmers ausgestreckt zurückblieben. Die Fregatte unterhielt ein unaufhörliches Feuer auf diesen, von den Franzosen besetzten Theil der Stadt und fügte ihnen auf ihrem Rückzuge großen Nachtheil zu. Ein Kanonenschuß war durch das Zimmer gedrungen, wo die jungen Frauenzimmer lagen, hatte den Fußboden gestreift, und sich an der entgegengesetzten Seite des Hauses einen Durchweg gebahnt. Als das Feuer vom Fort aufhörte, fuhr, wie gesagt, die Fregatte fort, den Rückzug der Franzosen quer über die Savanna zu beunruhigen. Die alte Negerin ward endlich ihrer berigen Lage überdrüßig und fühlte sich gedrungen, aus dem Fenster in die See zu schauen. Das Feuern der Fregatte konnte von hier aus deutlich gesehen werden; denn jeder Schuß ging einige Yards vom Hause vorbei; die Negerin beredete die jungen Frauenzimmer, sich vom Fußboden zu erheben und am Fenster des schönen Anblicks der feuernden Fregatte zu genießen. Eben war die jüngste im Begriff, ihr zu folgen, als ein Schuß von der Fregatte ins Fenster fuhr, der alten Negerin den Kopf abriß, und das junge Frauenzimmer mit Blut und Gehirn bedeckte. Dieß setzte sie so in Schrecken, daß sie nicht wagten, aufzustehen, bis ein Englischer Offizier, der gehört hatte, daß sie im Hause wären, zu ihrer Hülfe erschien.

Nach diesem ruhmvollen Tage gewannen die Dinge ein anderes Ansehen. Die Franzosen hatten sich, „mit Ruhm bedeckt," auf die Anhöhen zurückgezogen, und wir besaßen von der Insel fast nichts als die Stadt; da wir aber Verstärkung erhalten hatten, besorgten wir vom Feinde keinen regelmäßigen Angriff. Wir mußten jedoch sehr auf unserer Hut seyn, um einem Ueberfall vorzubeugen. Der Französische Befehlshaber hatte gleich nach seiner Landung eine Proclamation erlassen, worin er alle waffenfähige Einwohner bei Todesstrafe aufforderte, sich unverzüglich in sein Hauptquartier zu begeben, wodurch er etwa 1000 Mann zusammenbrachte. Er hielt jedoch diese Macht nicht für hinreichend, einen zweiten Angriff auf uns zu unternehmen, und schickte daher eine Botschaft nach Guadeloupe, um Artillerie und Truppenverstärkung zu verlangen. Beim ersten Angriff zeigte er in hohem Grade jene, einem Heerführer so unentbehrliche Tugend, die wir Klugheit nennen; denn in der Tasche des Officiers, welchem er das Commando anvertraute, fanden wir Instructionen, woraus hervorging, daß der Befehlshaber es seiner Würde gemäßer hielt, auf den Anhöhen zu bleiben, wo er in Sicherheit beobachten konnte, was in der Ebene vorging. Er schickte daher den Nächstkommandirenden ab, den nämlichen, der erwähntermaßen den Tod fand, mit dem Auftrage, den Gouverneur und die Officiere der Besatzung als Kriegsgefangene in sein Hauptquartier zu bringen, nöthigenfalls die Schildwachen vor der Wohnung des Gouverneurs, so wie die Officiere, die etwa Widerstand leisteten, zu tödten, die Französische Flagge aufzupflanzen und die Kriegsgefangenen streng bewachen zu lassen.

Der Gouverneur schickte sogleich eine Depesche an den Oberbefehlshaber von Barbados, mit dem Ansuchen um Beistand; inmittelst betrachteten sich beide streitende Theile in achtungsvoller Ferne. Es gelang den Franzosen, aus Guadeloupe eine kleine Verstärkung nebst zwei eisernen Feldstücken zu erhalten. Endlich traf nach zehn Tagen das Kriegsschiff, der Capitän, von 74 Kanonen ein, mit einer Verstärkung von vier Compagnien des 9. (schwarzen) Westindischen Regiments, unter dem Befehl des Obristlieutenants Blackwell. Kaum waren die Truppen gelandet, als zur Verfolgung des Feindes Anstalt getroffen ward. Nachmittags ward eine Stillstandsflagge in sein Hauptquartier geschickt, mit der Aufforderung, sich zu ergeben, worauf er in pomphaften Ausdrücken erwiderte, daß man entschlossen sei, lieber fechtend zu sterben, als unter irgend einer Bedingung zu capituliren. Die Truppen wurden hierauf beordert, sich um zwei Uhr Morgens bereit zu halten. Nachdem alle nöthige Einrichtungen getroffen waren, setzten wir uns früh um 4 Uhr in Bewegung und erreichten vor Tagesanbruch das Hauptquartier des Feindes; allein er hatte sich beim Schalle unserer Trommeln und Jägerhörner sogleich zurückgezogen, und zwei Meilen weiter aufwärts eine Stellung genommen, wo er sich zu vertheidigen beschloß. Es war ein Landgut, gelegen auf einem Hügel und ein durch die Natur sehr befestigter Posten, wo er, begünstigt durch eine so vortheilhafte Stellung und doppelt so stark als wir, einen heftigen Widerstand leisten konnte. Unser Vortrab langte bei Tagesanbruch vor diesem Posten an und es begann sogleich ein Scharmützel. Die Franzosen wankten nicht im Mindesten, bis unser Hauptcorps herankam, und zwei Feldstücke gegen sie aufgepflanzt wurden; jetzt zogen sie sich weiter ins Land zurück und versuchten, auf der nächsten Anhöhe Stand zu halten. Nach einem viertelstündigen Gefechte ward diese Anhöhe von den schwarzen Truppen mit dem Bajonet eingenommen. Es blieben an beiden Seiten mehrere Leute und es ward den Franzosen ein Feldstück abgenommen, auch verloren sie eine Anzahl Kriegsgefangener.

Unsere Truppen machten auf dieser Anhöhe Halt, um zu frühstücken, während eine kleine Abtheilung zur Beobachtung des Feindes abgeschickt ward, der sich in einiger Verwirrung zurückzog und das einzige ihm noch übrige Feldstück auf der Landstraße zurückließ, die in der That so schlecht war, daß die Schwierigkeit der Fortbringung dieser

Kanone den möglichen Nutzen derselben weit überwog. Wir mußten unsere Kanonen durch Ochsen ziehen lassen, und so groß war die Anstrengung der Leute, die in diesem Dienstzweige angestellt waren, daß zwei derselben bei der Ankunft vor der ersten Position todt niedersanken. Wir beschlossen daher, unsere Feldstücke zurückzuschicken, sobald wir wahrnahmen, daß die Franzosen uns kein schweres Geschütz entgegensetzen konnten. Nach einigen Stunden folgten wir dem Feinde, der bis dahin eine nördliche Richtung genommen hatte. Er war sichtlich äußerst erschöpft, da wir unaufhörlich Nachzügler aufgriffen, die zu sehr ermattet waren, um mit dem Hauptcorps fortkommen zu können. Unter diesen war ein Ausreißer, der einige Wochen vor dem Angriffe von der Besatzung desertirt war und sich im Lande verborgen hatte. Bei der Landung der Franzosen war er nebst einem andern Deserteur von unsern Truppen, sogleich in ihre Dienste getreten. Der Unglückliche ward auf dem Marsch die Waffen in der Hand ergriffen und daher, sobald die Truppen Halt machten, vorgeführt, um erschossen zu werden. Das Todesurtheil ward ohne Zeitverlust vollstreckt, zumal da dieser Mensch sein Vergehen dadurch sehr erschwert hatte, daß er die im Hospital zu Kriegsgefangenen gemachten Engländer, während er zu ihrer Aufsicht Schildwacht stand, sehr übermüthig und hart behandelt hatte. Vergebens bat er flehentlich, ihm eine Stunde Zeit zu lassen, um sich zu sammeln; aber die Umstände wollten es nicht verstatten, da nach den Kriegsgesetzen Jeder, der unter solchen Verhältnissen auf der That ergriffen wird, auf der Stelle ohne förmliche Untersuchung mit dem Tode bestraft werden muß.

Nachts machten wir Halt auf einem großen Landgut, etwa zwölf Meilen von Grandbourg und setzten bei Tagesanbruch die Verfolgung des Feindes fort. Von den Kriegsgefangenen vernahmen wir, daß der furchtbare Befehlshaber, anstatt fechtend zu sterben, seine Waffenbrüder verlassen hatte, und, ohne irgend jemandem außer dem Nächstcommandirenden seine Absichten kund zu thun, in einem kleinen Canot und zwar aus Furcht, von den Engländern aufgefangen zu werden, ohne Rock, nach Gouadeloupe entflohen war.

Als Grund gab er dem Nächstcommandirenden an, daß er von General Ernouf Beistand holen wolle, um die Engländer von der Insel zu vertreiben. Auch erfuhren wir, daß die Miliz nach dem Angriff am Morgen schnell von den Franzosen abgefallen war. Wirklich waren mehrere der vornehmsten Colonisten in unser Hauptquartier gekommen, und wir erhielten ein Namenverzeichniß aller derer, welche die Bittschrift an den Gouverneur von Guadeloupe unterzeichnet hatten und die Hauptanstifter dieser Verschwörung gewesen waren.

Die Angelegenheiten der Franzosen wurden stündlich verzweifelter; sie veränderten ihren Marsch und richteten ihn westwärts nach St. Louis. Wir folgten ihnen auf dem Fuße, und vertrieben sie Morgens 8 Uhr aus einem Landgute, wo sie einigen Widerstand leisteten. Hier ereignete sich ein trauriger Vorfall. A. B—, ein Englischer

Kaufmann, der in Handelsgeschäften eine Zeitlang diese Colonie besuchte, und den Officieren der Besatzung wohl bekannt war, hatte sich einige Wochen zuvor, wegen seiner schlechten Gesundheitsumstände, ins Innere des Landes begeben. Hier fiel er in die Hände der Franzosen, die ihn als Kriegsgefangenen bei sich behielten, und ihn von einem Posten zum andern marschiren ließen. Von diesem letzten Posten wurden sie so schnell vertrieben, daß er Mittel fand, sich zu verbergen, und zurückgelassen ward. Sie zogen sich aus diesem Posten erst in dem Augenblicke zurück, als der Vortrab des schwarzen Regiments in denselben eindrang. Hr. B— hatte sich in der Mühle versteckt; man vermuthete nicht, daß die Franzosen sie geräumt hätten. Unsere Truppen rückten daher vorsichtig heran, jeden Augenblick einen Ueberfall erwartend. Unter diesen unglücklicherweise zusammentreffenden Umständen, kam Hr. B— aus seinem Verstecke hervor, und schaute um die Ecke der Mühle, sich nach den Engländern umzusehen. Beim Anblicke der wohlbekannten rothen Uniformen, trat er freudig hervor, und ward augenblicklich von einem der schwarzen Soldaten, der ihn für einen Franzosen hielt, erschossen. Er lebte noch so lange, daß er von seinen alten Freunden und Bekannten, so viel deren das Fieber übrig gelassen hatte, Abschied nehmen konnte. Jeder Engländer beweinte das Schicksal dieses unglücklichen jungen Mannes.

Die Franzosen waren jetzt an Zahl sehr zusammengeschmolzen, da die Einwohner sich wegstahlen, und in ihre Heimat zurückkehrten; auch keine Aussicht auf Verbesserung ihrer Angelegenheiten sich zeigte. Kaum hatten sie einen

Posten besetzt, so wurden sie schon daraus vertrieben, und endlich durch eine gewandte Bewegung der Englischen Truppen völlig umringt. Man muß den Französischen Truppen und ihren Officieren die Gerechtigkeit widerfahren lassen, daß sie, während diese Bewegung vor sich ging, tapfern Widerstand leisteten; da sie aber ihre Macht zu sehr geschwächt und sich von allen Seiten umringt sahen, hörten sie auf, zu feuern, und pflanzten die weiße Fahne auf. Schon früher hatten sie einen Officier mit einer Stillstandsfahne in unser Hauptquartier geschickt, der uns aber, unkundig des Orts, wo es sich befand, verfehlte. Die Truppenabtheilung ergab sich, 180 Mann stark, einige Meilen weit vom Dorfe St. Louis. Officiere und Mannschaft wurden an Bord der in der Bai liegenden Kriegsschiffe geschickt, und mit ihnen alle diejenigen Einwohner, die sich in diesem Kampfe durch ihre Theilnahme für die Franzosen ausgezeichnet hatten. Ihre Landbesitzungen wurden sequestrirt, und sie selbst einstweilen verbannt; doch ward ihnen, nach Ablauf eines Jahres, alles Ihrige zurückgegeben.

Es verfloß nach diesem Einfalle einige Zeit, ehe die Besatzung völlig zur Ruhe kam. Gerüchte von einem zweiten Angriffe waren unaufhörlich in Umlauf, und wurden bereitwillig geglaubt. Die Beschwerlichkeiten, welche die Land- und Seetruppen in diesem kurzen Feldzuge ausstanden, hatten weit verderblichere Folgen, als die Kugeln und Schwerter der Feinde, insbesondere für die Matrosen, welche von den verschiedenen Schiffen gelandet waren. Glücklicherweise wurden sie, da durch unsere eigenen Truppen unsere Hospitäler besetzt waren, sogleich an Bord ihrer Schiffe gebracht. Ich sage glücklicherweise; denn angesteckt auf dieser verpesteten Insel, hatten sie auf ihren Schiffen weit bessere Aussichten auf Wiederherstellung. Allein Viele, die nach Barbados segelten, starben dort am Fieber, das sie sich in Marie Galante zugezogen hatten. Auch unsere eignen Kranken litten, wie man leicht denken kann, nicht wenig an den Folgen der allgemeinen Verwirrung; ihre Zahl war sehr angewachsen; denn alle Ankömmlinge fühlten sogleich die Wirkungen des Fiebers. Hiezu kamen die verwundeten Engländer und Franzosen. Einer meiner Fieberkranken, der in den letzten Zügen lag, ward am ersten Tage des Angriffs durch einen Schuß aus dem Fort in seinem Bette getödtet. Einige Franzosen waren in das Hospital eingedrungen, um aus den Fenstern auf das Fort zu feuern; dieß bemerkten die dort postirten Matrosen, deren viele nicht wußten, daß jenes Gebäude ein Hospital sei. Es war von Holz, welches die Kanonenkugeln leicht durchdrangen. Der erwähnte Kranke lag in seinem Bette mit dem Kopfe nach dem Fort gerichtet, und die Kugel fuhr durch die Bettstelle ihm oben in die Hirnschale, und verlor sich in seinem Körper; hätte sich nicht dieser Unfall ereignet, so wäre er dennoch nach einigen Stunden ohne allen Zweifel gestorben. Außer den beiden Unterchirurgen, die ich auf der Insel mitbrachte, starb auch ein Dritter, der vom Kriegsschiffe, der Capitän, ans Land gesetzt war, und zwar innerhalb 3 Tagen nach seiner Landung. Bald brachten die übertriebenen Beschwerlichkeiten meiner Dienst-

10 *

geschäfte auch mich in die Zahl der Fieberpatienten, nöthigten mich, meine Arbeiten aufzugeben, und warfen mich aufs Krankenlager. Ich verweile nicht bei der Geschichte meiner Leiden während meiner mehr als sechswöchigen Krankheit, sondern bemerke nur, daß in dieser Zeit das Gouvernement dem Capitän Maurice übertragen ward, und das Fieber fast ganz von der Krankenliste verschwunden war. Ich hatte mich kaum wieder erholt, als ich theils wegen meiner Gesundheit, theils um die entzückenden Naturscenen der Insel in Augenschein zu nehmen, täglich ausritt. Zwar hat das Land in dieser Hinsicht große Aehnlichkeit mit Barbados, und theilt mit dieser Insel alle Schönheiten der Landschaft; doch besitzt es auch viele ihm ganz eigenthümliche Reize. Die Hügel, obwohl nicht sehr hoch, prangen an ihren sanften Abhängen in einer Fülle von Holzungen und üppigem Laube; auf den Gipfeln sieht man meistens eine grüne, ziemlich weite Ebene. Die Schluchten bieten in ihrem Naturzustande alle jene überraschenden Züge dar, die gewöhnlich in Europa das Ergebniß der Kunst sind. Wirklich erinnert der größte Theil der Insel an den Park eines großen Englischen Gutsbesitzers, und es giebt viele Erdflecke, deren Naturscenen noch jetzt meinem Gedächtnisse lebhaft eingeprägt sind, die an Ebenmaß und Schönheit Alles, was die Gärten zu Kew oder Kensington Schönes aufzeigen können, weit übertreffen. Auch die Schluchten erheben sich durchgängig stufenweise und in allmähligen Abflächungen; doch giebt es auch einige, die durch ihre schroffen, rauhen Felswände einer Alpengegend nicht unähnlich sind. Diese Klüfte enthalten einen

Ueberfluß von wildwachsenden Fruchtbäumen, insbesondere Limonien; einer Gattung von Sevilla-Orangen, Mammy-Aepfeln, Custard-Aepfeln, sauern Aepfeln (Soursop Anona muricata L.), Sappodillos und Goaven, von welchen letztern eine ganz vorzügliche Gattung dieser Insel eigenthümlich ist.

Die meisten dieser Schluchten verzweigen sich in mancherlei Richtungen; diese Zweige sind getrennt durch überhängende Vorgebirge von bedeutender Höhe, mit Hölzungen bedeckt bis an den Gipfel; die Niedrigungen sind bekleidet mit einem grünen Rasen, der an Schönheit mit den Rasenplätzen jedes Englischen Parks wetteifern kann und die angenehmsten Spazierritte gewährt. Bald winden sich schöne breite, sanft abhängige Alleen, gebildet von hohen Bäumen rund um den Fuß der Hügel, unaufhörlich darbietend die mannichfaltigsten Aussichten; bald zeigt sich unerwartet die Mündung einer neuen Schlucht in malerischen Zügen, die den Reisenden durch den Reiz ihrer Ansicht von seinem Wege ablenken; oder das Amphitheater beginnt allmählig sich zu verengen, bis es sich endlich so sehr zusammendrängt, daß nicht mehr zwei Pferde neben einander Raum haben. Das Laub schließt sich über dem Haupte des Reisenden aneinander; reife Goaven entledigen sich auf seinem Haupte oder auf seinen Kleidern ihres überflüssigen Saftes; jetzt wird der Weg steiler, bis endlich dem Reisenden unerwartet das Tageslicht entgegenglänzt und ein erfrischender Passatwind ihn umfächelt. Hier dehnt sich eine schöne grünende Ebene vor seinen Blicken aus, und zu seinen Füßen zeigt sich das Meer und das flache Land, welches sich in ungleichen Fernen vom Strande in die See erstreckt. Der Eingang in die Klüfte ist oft von oben herab so versteckt, daß er ohne Wegweiser schwer zu finden ist, und wenn der Fremde sie von unten auf in ihrer Mündung betritt, verliert er sich leicht in den obenerwähnten Verzweigungen.

Immer mannichfaltiger wird die Aussicht gegen das nördliche Ende der Insel; die Hügel und Klüfte gewinnen einen kühneren Character. Die Wälder werden dichter, und zahlreicher die hochstämmigen Bäume. Auch die Gestaltungen der Hügel sind phantastischer; weite Landstriche sieht man hier, die unberührt von Menschenhänden ganz in der rauhen Majestät der Natur prangen. Noch lebt hier ein geringer Ueberrest der Urbewohner des Landes, der Caraiben. Zwar trifft man hier viele Familien an, die Caraiben genannt werden; allein diese sind, wie ich vermuthe, mit Africanischem oder Französischem Blute vermischt. Doch sah ich während unseres kurzen Feldzuges einen Mann und eine Frau, die durch Neugier zu einem der nördlichsten Französischen Posten herbeigezogen waren und die, ich für wahre Caraiben hielt. Sie waren von dunkler Kupferfarbe, hatten langes schwarzes Haar, platte Gesichter und weit häßlichere Gesichtszüge, als die eines Africanischen Negers. Sie waren schmutzig an ihrem Körper und bis auf eine sehr kleine Bedeckung, um die Hüften ganz nackend. Sie verstanden nicht das gewöhnliche Neger-Französisch, ausgenommen sehr wenige Wörter; doch fand ich keinen Neger, der sich ihnen verständlich machen konnte. Uebrigens konnte ich über diesen Caraibischen Volksstamm weiter keine Nachrichten einziehen, als daß einige dazu gehörige Familien auf den höchsten Hügeln der unangebauten Theile des nördlichen Districts lebten, daß aber ihre Zahl nur sehr klein seyn könne. In früheren Zeiten sind sie weit zahlreicher gewesen. Auch sieht man noch jetzt unter den farbigen Inselbewohnern sehr häufig die Caraibischen Gesichtszüge, die von den durch Vermischung mit Europäischem Blute entstandenen gänzlich abweichen. Außerdem giebt es hier einen Menschenstamm, den ich sonst nirgends gefunden habe, und der aus einer mittelbaren oder unmittelbaren Mischung Caraibischen, Africanischen und Französischen Blutes entstanden ist. Diese Menschen sind weit hübscher, als diejenigen, die bloß aus Europäischem und Africanischem Blute entsprungen sind, und haben eine weit schönere Gesichtsfarbe als diese, und wenn die letzteren auch dem Europäischen Blute um zwei Grade näher sind. Ich erinnere mich nicht, dergleichen farbige Personen gesehen zu haben, deren unmittelbarer Ursprung aus der Gemeinschaft eines Mitgliedes dieses Volksstammes mit einem weißen Vater oder einer weißen Mutter offenkundig war; doch vermuthete ich einen ähnlichen Ursprung bei einigen hiesigen weißen Familien; als ich diese Vermuthung einem unterrichteten Freunde mittheilte und die physiognomischen Gründe derselben andeutete, gab er mir über die Eltern dieser Personen solche Nachrichten, welche die Sache mehr als wahrscheinlich machten. Ich kann mit Wahrheit sagen, daß diese Familien, insbesondere der weibliche Theil derselben, zu den schönsten Personen gehörten, die ich sowohl in der gemäßigten, als in der heißen Zone je sah.

Zu dieser Digression bin ich durch die in Europa gemeiniglich vorherrschende Meinung veranlaßt worden, daß der Stamm der Caraiben gänzlich erloschen sei. Freilich ist er bis auf wenige Familien, und zwar nur auf einigen der ihren Namen führenden Inseln zusammengeschmolzen; die meisten findet man in St. Lucia und St. Vincent; auch leben noch einige in den Gebirgen von Dominica.

Doch ich kehre wieder zu meiner Beschreibung von Marie Galante zurück. In den nördlichen Districten ist ein Landsee, oder wie man ihn hier nennt, eine Lagune, nicht unbemerkt zu lassen, dem Anscheine nach gebildet durch eine Anzahl von Schluchten, die ihre Gewässer in ein Thal ergießen, welches sich schlängelnd über einen Raum von acht bis zehn Meilen bis auf zwanzig oder dreißig Yards dem Meere ohnfern der Bai von St. Louis nahet; doch ist seine Gemeinschaft mit demselben durch eine Sandbank gehemmt, die das Meer ausgeworfen hat, und welche die Einwohner zu Zeiten zu durchstechen pflegen, um den Gewässern freien Abfluß zu geben. Einen schöneren Wasserbehälter kann man sich nicht denken, als diesen Landsee, sich windend um den Fuß der Hügel, so wie er sich von den Gipfeln derselben dem Auge darstellt. Bald dehnt er sich in einen breiten, schönen Wasserspiegel aus, der die Bilder des dichten Laubes der umliegenden Gehölze, hin und wieder untermischt mit Pflanzerwohnungen zurückwirft; bald verbirgt ein kühn hervorragendes felsigtes Vorgebirge oder die nahe Küste seine Gewässer durch die scheinbare Berührung ihres Laubes den Blicken des Reisenden, und an vielen Orten, insbesondere zwischen einigen der vielen kleinen Eilande, welche die Oberfläche der Lagune verschönern, verlieren sich Böte und Canots unter dem Schatten der an beiden Ufern prangenden Bäume. An sehr vielen Stellen ist der Landsee so enge, daß zum Rudern kein Raum bleibt, und das Laub auf eine weite Strecke für die Schiffenden einen vollständigen Baldachin bildet. Ueberdieß enthält er eine Fülle von Fischen und insbesondere von schönen Krabben.

An der Ostseite der Insel sind die Hügel höher und felsigter, aber minder beholzt. Dort giebt es mehrere sehenswürdige Höhlen, namentlich eine, die viele tausend Menschen fassen könnte und deren Inneres nie vollständig erforscht ist. In der That ist die Insel in allen ihren Theilen eine der anziehendsten auf der Welt für den Verehrer ursprünglicher Schönheiten der Natur, die hier durch die Hand der Kunst geordnet zu seyn scheinen. Leider ist das Land, selbst für die Eingebornen, ein ungesunder Aufenthalt; sie leiden am meisten an intermittirenden Fiebern; ich habe hier Fälle gefunden, wo sie zehn bis vierzehn Jahre anhielten, aber die hiesige Behandlungsweise derselben ist im höchsten Grade widersinnig. Auch unter unserer Besatzung kamen häufig intermittirende Fieber vor; aber nie währten sie bei der Behandlungsweise Englischer Aerzte länger als einen Monat.

Diese Insel ist, in Hinsicht anderer in ihrer Nähe, sehr glücklich gelegen, wodurch das Anziehende der Aus-

achten sehr erhöhet wird. In Westen sieht man Gnade-
loupe mit seinen wolkenumhüllten Höhen. Der Stadt
Grandbourg gegenüber zeigt sich der Vulcan, von den
Franzosen Souffrier genannt. Dieß ist der höchste
Punct von Guadeloupe; unaufhörlicher Dampf entsteigt
seinem Gipfel, und Nachts, insbesondere in der Jahrszeit
der Orcane, erhebt sich ein leuchtender Dunst, wie auf
den Eisenwerken in einigen Gegenden Englands. Ein anderes bemerkenswerthes Phänomen zeigt sich von hier aus,
in der regnigten Jahreszeit an dem nämlichen Berge. Es
ergießen sich nämlich von seinem Gipfel herab unaufhörlich Cataracten, die im Herabstürzen beträchtlich anschwellen und von dem horizontalen Lichte der aufgehenden
Sonne bestrahlt, oder bei Sonnenaufgang durch ein Teles-
cop betrachtet, selbst in der Entfernung von vierzig Meilen eine über alle Beschreibung prachtvolle Wirkung hervorbringen.

An der Südseite erblickt man die noch höheren Gebirge von Dominica, deren Häupter nur bei schönem Wetter von Wolken enthüllt sind, so daß man ihre grünenden
Gipfel über der Region des Dunstkreises erhaben sieht.
Nur selten erblickt man sie ganz unverhüllt. Dieß sind
die höchsten Gebirge in den Antillen. Sie sollen einigen
Caraiben und Maroon-Negern zum Zufluchtsorte dienen.

Zwischen Dominica und Guadeloupe zeigt sich die
Inselgruppe: die Heiligen (les Saints), wovon jedoch
nur die Bergipfel sichtbar sind; bei hellem Wetter entdeckt
man von den Anhöhen herab die schöne Insel Martinique

Im fernen Nordosten liegt die kleine Insel Desceada; ein Felsen mit einer Bergfläche auf seinem Gipfel bildet hier einen neuen Zug in dem entzückenden Gemälde. Kurz, Marie Galante kann in Hinsicht seiner innern und äußern Aussichten mit den entzückendsten Weltgegenden wetteifern.

Was die Sitten und die Moralität anbetrifft, so sind die Laster, worüber ich mich, besonders in Hinsicht der farbigen Frauenzimmer auf Barbados, beklagte, hier fast die nämlichen. Das Betragen der Colonisten, insbesondere des weiblichen Geschlechts, ist jedoch verfeinerter und gebildeter, und an Gastfreiheit stehen sie keinem Volke nach. In der That ist der Unterschied der Manieren auf den Französischen Inseln von denen ihres Mutterlandes, weit geringer, als in unseren Colonien. Auf Marie Galante giebt es verhältnißmäßig sehr wenige Creolen, das heißt Personen, die in den Colinien geboren und ganz erzogen sind. Die meisten weißen Inselbewohner sind in Frankreich geboren, und viele unter ihnen entflohen den Ordnungslosigkeiten der Revolution. Einige unruhige Köpfe, die bei Robespierres Sturz, und am Ende der Schreckensregierung sich unter ihren Mitbürgern nicht länger sehen lassen durften, zogen sich in diese entlegne Colonie zurück, und selbst in dieser Abgeschiedenheit mangelt es ihnen nicht an Macht, Unruhen anzufachen und Factionen zu stiften. Sie waren es, die das durch den letzten Einfall über die Colonie gebrachte Unheil verschuldeten.

Im Ganzen möchte ich den Zustand der hiesigen Gesellschaft und Manieren dem, von Barbados vorziehen,

Die Gastmale der hiesigen Einwohner sind durchgängig von der Art, daß kein Epicuräer bei ihrem Genuße die Nase rümpfen würde. In ihrer Kochkunst und der grossen Mannichfaltigkeit ihrer Gerichte übertreffen sie bei weitem die Englischen Colonisten. Die Einförmigkeit eines Englischen Mittagsessens in Westindien ist hinreichend, auf Personen von schwachem Magen eine widrige Wirkung hervorzubringen, ohne einmal der Beschaffenheit seiner einzelnen Bestandtheile zu gedenken. Ich habe auf Barbados nach einander zehn Mittagsmahlen beigewohnt, die kaum in einem einzigen Gerichte von einander verschieden waren. Ein gebratener Calecutischer Hahn am obersten Ende der Tafel, ein Schinken in der Mitte und ein Stück von einer gebratenen jungen Ziege am untersten Ende sind die steten Artikel bei jedem Mittagsessen auf Barbados; die Zwischenräume werden mit gebratenen Hühnern, gekochten Erdäpfeln, Pisangs und Yams ausgefüllt. Calecutische Hähne und Hühner waren mir so zuwider geworden, daß ich sie nachher einige Jahre lang nicht mit Appetit essen konnte. Auf Marie Galante hingegen weiß man dasjenige, was am Materiellen fehlt, durch Wechsel zu ersetzen, der kein Ende zu haben scheint; insbesondere benutzen sie in der Bereitung der Zugemüse die heimischen Erzeugnisse der Insel und bereiten daraus viele köstliche Gerichte, wovon die Englischen Colonisten keinen Begriff haben, obwohl die nämlichen Artikel in ihrer Mitte wachsen oder ihnen doch zu Gebote stehen. Zu den köstlichsten unter diesen vegetabilischen Leckerbissen, gehört ein Gericht, Calilou genannt, welches ein Hauptnahrungsmittel der unteren und farbigen Volksclassen ausmacht und hauptsächlich aus einer Pflanze bereitet wird, die auf den Englischen Inseln jenen Namen führt, von den Franzosen aber Caraibischer Kohl (choux caraibe) genannt wird. Mit andern saftvollen Kräutern und gesalznem Schweinefleisch oder Schinken wird dieß gekocht. Die Farbigen bedienen sich hiezu statt des Fleisches oft gesalzner Fische, und zuweilen der Krabben. Uebrigens giebt es hier sehr viele, in Europa gänzlich unbekannte Küchengewächse.

Als gewöhnlichen Tischwein trinkt man hier Bordeaux; vor Ankunft der Engländer war auf dieser Insel der Madeira fast gar nicht bekannt. Nachdem die Gemeinschaft mit Frankreich und seinen Colonien abgeschnitten war, wurden Französische Weine, die bei unserer Ankunft im Ueberflusse und wohlfeil zu haben waren, äußerst selten. Nach Französischer Sitte verweilen die Einwohner nicht, wie in England Gebrauch ist, nach dem Essen bei Tische, um Wein zu trinken. Das Tischtuch und der Nachtisch welcher hier köstlich zu seyn pflegt, bleiben, bis sich die Gesellschaft erhebt, auf der Tafel. Gemeiniglich wird jedem Gaste eine Flasche desjenigen Weins vorgesetzt, den er vorzieht; doch hält man es nicht für unhöflich, wenn er mit der Weinsorte wechselt. Auch zum Frühstück wird Wein getrunken, und das déjeuné à la fourchette ist hier ebenso substantiell, als in Frankreich. Die Damen zeigen im Genusse des Gabelfrühstücks nicht die mindeste Bedenklichkeit; sie essen ihre Entenkeule oder ihren Hühnerflügel und spülen sie zwanglos mit einem großen Becher Wein hinunter. Abends rauchen in sämmtlichen Colonien die Männer aller Nationen durchgängig ihre Cigarre, und zwar gewöhnlich im Freien; aber die Französischen Creolen können sich von diesem Genusse weder Abends, noch auch Morgens und Nachmittags trennen, und oft rauchen sie sogar in ihren Schlafzimmern.

Ich wende mich jetzt zu einigen Bemerkungen über den Zustand der Sclaven und freien farbigen Leute, und will versuchen, eine Vergleichung ihrer Behandlung unter Englischen und Französischen Gebietern aufzustellen. Die Farbigen lassen sich in 3 Classen theilen — Feldsclaven, Haussclaven und freie farbige Leute. Die Feldsclaven sind sämmtlich Neger; ein Gebieter darf keinen Mulatten zur Feldarbeit gebrauchen. Der Zustand der Feldsclaven ist der schlimmste; aber nicht so schlimm, als man ihn darstellt. Jedem, der das Glück der Freiheit und Ausbildung genoß, ist der Gedanke schrecklich, frühmorgens gleich Pferden, mit einer langen Peitsche, ausgetrieben zu werden, deren sich der Treiber nach dem Grade seiner Menschlichkeit mit mehrerer oder minderer Härte bedient. Der körperliche Schmerz, verursacht durch Peitschenhiebe, ist, wie wir annehmen können, bei allen Menschen fast gleich; aber, was die Seele empfindet, würde bei einem auf obige Weise Erzogenen den körperlichen Schmerz bei weitem übersteigen, und die Herabwürdigung würde das Peinlichste der Strafe seyn. Diese Gefühle sind jedoch den Menschen, von denen hier die Rede ist, völlig fremd. Ich will damit nicht sagen, daß sie bei gehöriger Erziehung dieser Gefühle unfähig seyn würden; aber diese Erziehung ward ihnen nie zu Theil, und ihr Geist kann nur zwischen bekannten Dingen Vergleichungen anstellen. Es sind aber wenige unter ihnen je in einer so guten Lage gewesen, als diejenige ist, in der sie hier sich befinden; Viele haben ihr ganzes früheres Leben in ihrem Vaterlande in weit ärgerer Sclaverei zugebracht, und die unglücklichsten von allen hiesigen Sclaven sind die, welche Neger zu Gebietern haben. Nicht das Verlangen nach Freiheit macht den Zustand dieser Menschen drückend. Ich bin überzeugt, daß es auf den Englischen Inseln wenige Sclaven giebt, die, wofern sie nicht mit übergroßer Strenge behandelt werden, die ihnen dargebotene Freiheit annehmen würden. Ich rede hier nur von Feldnegern. Oft unterhielt ich mich mit ihnen über Freiheit, und stets gaben sie auf die Frage: Wünscht ihr frei zu seyn? die Antwort: „Was soll ein armer Neger anfangen? wer giebt ihm dann Nahrung, Wohnung und Arzenei, wenn er krank ist?" Sie haben keinen Begriff von Freiheit außer demjenigen, welchen sie von dem Zustande der freien Neger auf der Insel entnehmen, — der einzigen Menschenclasse, unter der hier zu Lande wirkliche Armuth herrscht. Das größte Uebel, welches sie empfinden, besteht darin, daß sie gezwungen werden, wider ihre Neigung zu arbeiten, und bisweilen Strafe leiden müssen, wenn sie versuchen, ihr Tagewerk zu umgehen.

Was die Strenge anbetrifft, womit sie in den Englischen Colonien behandelt werden, so hängt sie sehr von der Menschlichkeit ihres Eigenthümers ab und von der Herrschaft, die er über seine Leidenschaften hat. Auf vielen Gütern in Barbados habe ich die Schwarzen mit väterlicher Zärtlichkeit behandeln sehen, und die Herren finden dabei ihre Rechnung; denn die Sclaven sind dankbar und treu, und durch Güte weit leichter, als mit Gewalt, zu regieren. Zum Unglücke für die Neger sowohl, als für ihre Gebieter, ist irgend ein menschliches Wesen, mag es Philosoph oder Dummkopf gewesen seyn, auf die Idee gekommen, daß die Africaner von Natur an Verstandeskräften den Europäern nachständen, und folglich unfähig wären, diejenigen Künste und Wissenschaften zu treiben, wodurch sich diese auszeichnen. Ich habe bereits angeführt, in welchem Grade diese abgeschmackte Meinung auf Barbados herrscht; — eine Meinung, die einst unseren Colonien Gefahr bringen kann; denn wenn die Erziehung auf diese unglücklichen Menschen jemals ihre Segnungen erstrecken sollte, so würde nichts ihren Gemüthern so tief sich einprägen und dort Wurzel fassen, als der Gedanke, daß sie als untergeordnete Wesen betrachtet werden. Die Hälfte des Drucks, den diese Menschen erdulden, kann allein von dieser Quelle abgeleitet werden. Die Engländer handeln mehr nach diesem Grundsatze, als irgend eine andere Nation, und wo die Gemüthsstimmung von Natur sich zur Rauhheit hinneigt, muß dieß schreckliche Vorurtheil jenes Mitleid verhindern, das zu Gunsten des leidenden Mitmenschen sprechen würde. Auf keine andere Weise kann ich mir erklären, wie junge zarte Frauenzimmer, begabt mit vielen liebenswürdigen Eigenschaften ihre Rachsucht dadurch befriedigen können, daß sie Augenzeugen der Bestrafung ihrer Sclavinnen sind, die mit ihnen gleiches Alters und Geschlechts, und von Kind-

heit an mit ihnen aufgewachsen sind. Und doch habe ich
dieß häufig mit angesehen, selbst dann, wenn die Strafe
auf ihren eignen Befehl, und wegen eines gegen sie selbst
begangenen Vergehens vollzogen ward.

Doch ich kehre zu den Feldnegern zurück. Die Art
der Arbeit, die sie zu verrichten haben, kann keinesweges
für eine Bedrückung gehalten werden. Ich bezweifle nicht,
daß 2 Arbeiter auf einem Englischen Pachthofe mehr arbeiten würden, als zwanzig dieser Sclaven. Auch arbeiten
sie nicht zu viele Stunden. Häufig haben sie eine sehr bequeme Wohnung, so viel Nahrung und Kleidung, als sie
bedürfen, und werden gut gepflegt, wenn sie krank sind.
In soweit ist ihr Zustand besser als der der Armen in
unserem Vaterlande, und in dieser Hinsicht sind die Französischen und Englischen Colonien einander ziemlich gleich;
allein auf den Englischen Inseln wird ihre Erziehung ver-
nachlässigt; die Einwohner geben sich nicht einmal die
Mühe, sie in den Grundsätzen der christlichen Religion
unterrichten, oder auch nur ihre Kinder taufen zu lassen.
Ja sie widersetzen sich sogar den Versuchen, welche die
Methodisten und Mährischen Brüder, sie zu unterrichten,
gemacht haben, vorzüglich auf der Insel Barbados. Ganz
anders verhält es sich in dieser Hinsicht auf den Französischen Inseln. Dort empfangen die Sclaven sehr guten
Religionsunterricht; und ich bemerkte mit Vergnügen, daß
sie überaus ernsthaft und anständig beim öffentlichen Got-
tesdienste sich betrugen. Hier schienen sie sich als Menschen zu fühlen, eines Ursprungs von einem gemeinschaftlichen Vater, und zu denselben Segnungen, als ihre Ge-

dieter, berechtiget. Folgende bei ihnen allgemein herrschende Sitte wird kein Christ mit Gleichgültigkeit betrachten. Wenn die Neger am Abende, nach vollbrachter Arbeit, jeder mit einem Bunde Heu oder Guineakorn auf dem Kopfe zum Futter ihres Viehes, nach Hause mit einander zurückgehen, so begeben sie sich auf irgend einen öffentlichen Platz des Landgutes; jeder wirft sein Bündel ab, und läßt sich auf demselben nieder. Dann erhebt sich der unterrichtetste Neger auf dem Landgute, tritt als Prediger in die Mitte des Kreises (und nie fehlen unter ihnen zu diesem Amte fähige Personen); dann singt die Versammlung im Doppelchor ihr Abendlied; der Mann im Mittelpuncte, nebst einem oder zwei andern, beginnt die erste Strophe, welche im Chor von Männern und Weibern wiederholt wird, bis das Lied geendet ist. Einen sehr schönen Eindruck macht dieser Gesang, vorzüglich in einer stillen Nacht, wenn das Echo die Melodie aus den umliegenden Klüften wiederhallt. Nach dem Gesange werden einige kurze Sätze in Fragen und Antworten vorgetragen, und der Redner schließt die Andachtübung mit einem kurzen Gebete, während alle übrigen knien. Dasselbe geschieht des Morgens, bevor sie an die Arbeit gehen.

Der Umstand, daß sie Christen, und in den erhabenen Grundsätzen dieser Religion unterrichtet sind, trägt vieles zum Wohle dieser Leute bei. Sie lernen daraus, daß sie Menschen sind, und in gleicher Maße mit ihren Gebietern unter dem Schutze des gemeinschaftlichen Vaters der Menschen stehen. Das Christenthum läßt sie die Freuden des ewigen Lebens erwarten, und giebt ihnen die Zuversicht, daß wenn sie hier Bedrückungen erleiden, ihnen dort vor einem billigen Richterstuhle ihr Recht widerfahren werde. Die Englischen Pflanzer gestatten ihren Sclaven, von Geschlecht zu Geschlecht Heiden zu bleiben, und scheinen sogar die Einführung der Lehren der Moral und der christlichen Religion zu fürchten. Es giebt ohne Zweifel Ausnahmen von dieser Regel; aber Obiges sind die vorherrschenden Grundsätze. Die Französischen Sclaven sind daher in mancher Hinsicht in einem weit bessern Zustande als die Englischen, da sie von ihren Gebietern als Brüder und Mitchristen behandelt werden.

Die nächstfolgende Classe von Sclaven begreift die Handwerker und Domestiken, welche insgemein Haussclaven genannt werden. Zu den ersteren gehören diejenigen, die irgend ein Gewerbe, z. B. als Zimmermann, Schneider, Faßbinder u. dgl. gelernt haben. Sie sind ihren Eigenthümern von großem Werthe, nicht allein wegen der Arbeit, die sie in der Familie verrichten, sondern wegen des großen Nutzens, den ihr Gewerbe bringt, indem sie außerhalb Hauses zur Arbeit von ihrem Gebieter vermiethet werden. Ein solcher Sclave wird nicht selten für 500 Pf. Sterl. verkauft. Oft werden sämmtliche Moventien irgend eines kleinen Landgutes öffentlich versteigert, und in jeder Woche liest man in der Zeitung von Barbados Bekanntmachungen, wie die folgende:

„Zu verkaufen in öffentlicher Versteigerung sämmtliche, von dem verstorbenen — nachgelassene Moventien, bestehend aus 4 Maulthieren, 2 Eseln, einer Kuh, einer Wäscherin und einem vortrefflichen Faßbinder."

11 *

Diese Zusammenstellung der Artikel ist um so seltsamer, da durchgängig die Sclaven im Verzeichnisse zuletzt folgen. So erinnere ich mich eines Verzeichnisses, enthaltend nachstehende Folgereihe:

„Zwei Maulesel, drei Ziegen, eine Sau mit acht Ferkeln und ein schönes gesundes Frauenzimmer mit vier Kindern."

Die Sclaven werden, gleich andern verkäuflichen Artikeln zum Anschauen auf einen Tisch gestellt, und die Kauflustigen untersuchen ihren Körper und die einzelnen Glieder auf das Genaueste, um sich zu überzeugen, ob sie mit irgend einem körperlichen Gebrechen behaftet sind.

Die andere Classe von Haussclaven verrichtet die Geschäfte der Domestiken, und da in jeder angesehenen Familie eine bedeutende Anzahl derselben gehalten wird, so haben sie wenig Arbeit und führen ein gutes Leben. Sie sind ziemlich faul und gemeiniglich von sehr lockern moralischen Grundsätzen. Ein Londoner Dienstmädchen würde mehrentheils die Arbeit von 14 Sclavinnen verrichten. Sie werden im Ganzen gut behandelt, doch müssen sie oft nicht wenig von den Launen ihrer Gebieter und Gebieterinnen leiden.

Die Sclavinnen bringen bei ihrem unzüchtigen Lebenswandel unaufhörlich eine Nachkommenschaft aus der Gemeinschaft mit weißen Männern zur Welt, wodurch die sogenannte farbige Race (Mulatten, Mestizen u. s. f.) in einem Grade anwächst, der einst der Sicherheit der Colonien gefährlich werden kann. Diese Menschenclasse ist insgemein wohl unterrichtet, indem sie unter Weißen aufwächst, und da sie alle Gewohnheiten und Laster der Europäer annimmt, mit Verachtung auf ihre unwissenden und ungebildeten Stammgenossen herabsieht. Oft wissen die jungen Mulattinnen und Mestizinnen als Preis ihrer Hingabe und Treue sich und ihren Kindern die Freiheit zu verschaffen. In Barbados kann jedoch die Freiheit nicht anders, als durch eine sehr beträchtliche Geldsumme erlangt werden. Dreihundert Pfund dortiger Währung sind der niedrigste Preis der Freilassung einer jungen Sclavin. Jedes ihrer Kinder muß besonders losgekauft werden; daher öfters der Fall eintritt, daß die Kinder einer freien Mutter Sclaven sind. Dieser Umstand befremdete mich sehr, da ich ihn erst einige Zeit nach meiner Ankunft auf Barbados vernahm. Eines Tages besuchte mich ein Frauenzimmer von sehr anständigem Aeußern auf meinem Zimmer im Hospital. Bei meiner Ankunft würde ich die Dame nicht für eine Farbige gehalten haben, aber damals war ich schon hinreichend an die Gesichtszüge dieser Leute gewöhnt, um wahrzunehmen, daß sie eine Mestizin sei. Sie erzählte mir, „sie habe jederzeit ein sehr anständiges Leben geführt, als die chère amie eines seit längerer Zeit verstorbenen Officiers von Rang, der sie gekauft habe und mit Hinterlassung eines mit ihr erzeugten Mädchens am gelben Fieber gestorben sei. Vor seinem Tode habe er sie freigelassen, ihre Tochter aber nicht mit in die Freilassung einbegriffen, sondern ihr solche in seinem letzten Willen als Sclavin vermacht. Sie habe viele Mühe und Kosten auf ihre Erziehung verwandt; ihre Tochter sei tugendhaft und habe einige Anerbietungen ausgeschlagen, weil sie ihrer Neigung zuwider gewesen wären, welcher sie keinen Zwang anthun wolle." Ich war im höchsten Grade gespannt auf das Ende und den Zweck dieses Vortrags; aber die gute Frau zog mich endlich aus der Ungewißheit durch die Bemerkung: „sie habe gesehen, daß ich einigemal mit ihrer Tochter gesprochen hätte, und da ich noch nicht mit demjenigen Bedürfnisse versehen sei, welches dort als ein wesentlicher Theil der Einrichtung eines jeden unverheiratheten Mannes betrachtet werde, glaube sie, daß ich die Gelegenheit nicht aus den Händen lassen müsse, ein Mädchen, welches große Zuneigung zu mir hätte, und die in Hinsicht ihrer persönlichen Eigenschaften über die meisten farbigen Frauenzimmer weit erhaben wäre, zu mir zu nehmen. Sie wolle mir ihre Tochter für 120 Pfund dortiger Währung verkaufen, obwohl sie durch öffentliche Versteigerung 20 Pf. mehr erhalten könnte, jedoch unter der Bedingung, daß ich ihr, bevor ich die Colonie verließe, die Freiheit gäbe; die etwanigen Kinder ihrer Tochter brauchten nicht freigekauft zu werden, da jene auf der letzten Stufe farbiger Abkunft stände, die nach den Gesetzen der Sclaverei unterworfen sei, und ihre Kinder von rechtswegen frei und zu allen Privilegien der Weißen berechtigt wären. So sehr ich schon über diesen seltsamen Antrag betroffen war, so verwunderte ich mich doch noch mehr, als ich die Persönlichkeit der mir vorgeschlagenen Sclavin constatirte. Es fand sich nämlich, daß es ein junges Frauenzimmer war, die allerdings meine Aufmerksamkeit auf sich gezogen und mit der ich oft gesprochen hatte, ohne jemals zu argwohnen, daß sie eine

Farbige, und noch weniger, daß sie eine Sclavin sei; denn ihre Gesichtsfarbe war eben so weiß, als die einer Europäerin nur immer seyn kann; sie hatte schönes langes braunes Haar, und ganz die Manieren und die Talente eines jungen Frauenzimmers aus den gebildeten Ständen.

Unter dieser Classe wird das Joch der Sclaverei am tiefsten gefühlt; denn, wie ich vorhin bemerkte, ihr Verkehr mit den Weißen giebt ihr Ausbildung und sie besitzt überdieß von Natur einen hohen Grad von Wißbegierde. Sehr genau sind diese Leute von der Lage der Dinge auf St. Domingo unterrichtet, und nicht ohne Grund ist die Vermuthung, daß diese Menschenclasse einst in den Brittischen Colonien eine Revolution bewirken werde, die ganz Europa in Staunen setzen wird. Ich erwähne namentlich der Brittischen Colonien, da die Sclaven vielleicht nirgends so hart behandelt werden, als von den Engländern und Holländern. Ich weiß nicht, wie die Französischen Sclaven vor der Revolution behandelt wurden; allein im jetzigen Augenblick ist ihr Zustand unstreitig weit erhaben über den der Englischen. Sie sind weder zu untergeordneten Wesen herabgewürdigt, noch auch von ihren Nebenmenschen in einer so kränkenden Entfernung gehalten, als in den Brittischen und Holländischen Colonien.

Einen Vorfall, der sich etwa drei Jahre vor meiner Ankunft auf Barbados zutrug, kann ich hier nicht unerwähnt lassen. Erst in den letzteren Jahren ist ein Gesetz gegeben, welches die Tödtung eines Sclaven für Mord erklärt. Dieß Gesetz war jedoch in Barbados nicht befolgt, und die Einwohner glaubten, daß es bloß erlassen sei, um sie in Schrecken zu setzen. Als aber Lord Seymour das Gouvernement der Insel erhielt, ward ein reicher Pflanzer, der lange schon wegen Grausamkeit gegen seine Sclaven berüchtigt war, gerichtlich verfolgt, weil er einen derselben unter den beschwerendsten Umständen aufs grausamste ermordet hatte. Die Sclaven dieses Mannes waren durch Verstümmelungen an irgend einem Theil ihres Körpers von allen andern zu unterscheiden. Vielen fehlte ein Ohr, andern fehlten beide, noch andern war die Nase aufgeschlitzt, und fast alle trugen die furchtbaren Spuren an sich, daß sie mit den Ohren an einen Baum oder Pfosten fest genagelt gewesen waren. Gegen dieß Ungeheuer ward auf den Grund des obigen Gesetzes ein Criminalproceß angestellt, und nachdem er für schuldig erkannt war, die Strafe des Galgens wider ihn verhängt. Niemand auf der ganzen Insel glaubte auf das entfernteste, daß dieß Urtheil vollstreckt werden würde; es schien den Einwohnern widersinnig, einen Weißen um irgend einer Handlung willen zu hängen, insbesondere aber wegen eines so unerheblichen Vergehens, als die Tödtung eines Negers. Dieß würde, meinten sie, ein Beispiel der gefährlichsten Art seyn. Aber Lord Seymour betrachtete die Sache aus einem ganz andern Gesichtspuncte, und taub gegen die Vorstellungen der vornehmsten Einwohner, die sich für den Angeklagten verwandten, beschloß er, das Urtheil vollstrecken zu lassen. Demzufolge ließ der Sheriff, obwohl sehr ungern, den Verurtheilten zum Galgen führen; hier, glaubte man, würde eine Begnadigung von Seiten des Gouverneurs eintreffen. So groß war das Gedränge des zusammenströmenden Volks, insbesondere der Farbigen, daß man nöthig fand, eine starke Truppenabtheilung ausrücken zu lassen. Nach langem Zögern ward zum großen Erstaunen der Eingebornen der Mörder wirklich gehangen. Aufs äußerste beleidigte es den Stolz dieser Insulaner, den Besitzer eines Vermögens von 40 bis 50,000 Pfund am Nacken baumeln zu sehen, und zwar bloß deßwegen, weil er einen Neger zu Tode gemartert hatte. Kaum hatte man den Gefangenen zum zweitenmal an den Füßen gezogen\*), als der Strick brach, und ein lautes Freudengeschrei der Menge erscholl, die der Meinung war, daß jetzt dem Urtheilsspruche ein Genüge geschehen sei. Der Sheriff, der ohne Zweifel der Urheber dieses Vorfalls war, verfügte sich in das Gouvernementshaus, um höheren Befehl einzuholen, ob nicht jetzt die Strafe als vollstreckt anzusehen sei, wobei er andeutete: er halte dafür, daß man jetzt das Gesetz als befolgt ansehen müsse, um das Aergerniß zu vermeiden, einen Weißen am Galgen sterben zu lassen. Allein der Gouverneur blieb fest bei seinem Entschlusse, und nachdem er eine zweite Truppenabtheilung hatte ausrücken lassen, begab er sich auf den Richtplatz, wo er selbst blieb, bis das Urtheil gehörig vollstreckt war, welches ohne die Gegenwart der Truppen schwerlich geschehen seyn würde.

Was die freien farbigen Leute betrifft, so waltet unter ihnen große Verschiedenheit ob; in Barbados ist die Masse derselben in einer keinesweges günstigen Lage. Es erwer-

---

\*) Bekanntlich wird dieß in England bei der Galgenstrafe regelmäßig eingeführt.           A. d. U.

ben sich jedoch manche unter ihnen, die irgend eine nützliche Hantierung erlernt haben und von Jugend auf zum Gewerbfleiße angehalten sind, ein Vermögen, das ihnen Unabhängigkeit sichert. Allein selbst das beträchtlichste Vermögen, auch wenn es mit guter Erziehung vereinigt ist, kann jemals einen farbigen Mann oder ein Frauenzimmer dieser Classe in den Augen eines Englischen oder Holländischen Creolen zu dem ihnen gebührenden Range menschlicher Wesen erheben. Stets werden sie in achtungsvoller Ferne gehalten, und man würde es für eine Art Frevel ansehen, wenn ein Farbiger sich in der Wohnung eines Creolen von Barbados setzen wollte.

Einst machte eine Dame zu Bridgetown mir sehr ernste Vorwürfe, daß ich mit einem Wundarzte von einer Fregatte, der zwar ein Farbiger, aber in England erzogen war und auf der Universität Edinburg studirt hatte, auf der Straße gegangen war. Dieser Wundarzt war eines Tages in Dienstgeschäften in das Hospital gekommen, und in die Wohnung des Verwalters, mit dem er zu thun hatte, gegangen. Bei diesem, einem Eingebornen der Insel, waren eben einige seiner Freunde zum Besuche. Beim Eintritte des Wundarztes gerieth die ganze Gesellschaft in Verwirrung. Da der Eintretende Officiersrang hatte, war der Verwalter genöthigt, ihm einige Aufmerksamkeit zu beweisen, und das Wenigste, was er thun könnte, war, ihm einen Stuhl zu bieten. Allein er wußte nur zu wohl, daß seine Freunde sich dadurch beleidigt finden würden. Wirklich hatte sich der farbige Wundarzt kaum am Ende des Zimmers Platz genommen, als sämmtliche Gäste, unwillig über diesen Eingriff in ihre Würde, aufstanden. Vergebens flüsterte der Verwalter ihnen seine Entschuldigungen zu, bat sie, zu bleiben, und versicherte, der ungelegene Gast werde nicht lange weilen. Sie verließen sämmtlich das Zimmer, und ließen sogleich ihre Pferde vorführen. Bevor sie jedoch das Hospital verließen, gingen sie zum Oberarzte dieser Anstalt, dem Doctor M'Arthur. Ich war eben bei letzterem zum Mittagsessen, als diese Barbadischen Herren, vier an der Zahl, hereintraten; es waren noch mehrere Officiere von Rang an der Tafel, und kaum hatten sie zwischen uns Platz genommen, als der farbige Wundarzt von der Fregatte, der sie so plötzlich von des Verwalters Tische vertrieben hatte, ins Zimmer trat. Augenblicklich ward ihm ein Stuhl und ein Glas gereicht, von Jedem glückwünschend die Hand gedrückt, und überhaupt ihm jeder Achtungsbeweis gegeben. Hier durften die Barbadier sich nicht die Unhöflichkeit zu Schulden kommen lassen, so plötzlich wegzugehen. Sie sahen sich daher gezwungen, mit einem Farbigen zu Tische zu sitzen, und sogar mit ihm zu trinken, denn wir waren eben beim Wein. Ich bemerkte die gerunzelte Stirn eines dieser Herren, als er das Glas zum Munde führte, und dabei unwillkührlich seinen Stuhl so weit als möglich zurückschob; dieß diente seinen Genossen zum Signal des Aufbruchs. Der Wundarzt war im Lande gänzlich fremd, und hatte keine Idee davon, die unschuldige Ursache dieses rohen Benehmens zu seyn.

In den Französischen Colonien ist der Zustand der freien farbigen Leute dem der Weißen fast gänzlich gleich; viele unter ihnen besitzen Landgüter und sind von ihren weißen Landsleuten geachtet. Vieles trägt hiezu bei, daß manche vermögende Männer, die mit einem farbigen Frauenzimmer im Concubinat gelebt, und mit ihr eine Anzahl Kinder erzeugt hatten, oft durch Religionsscrupel bewogen werden, ihre früheren Regellosigkeiten dadurch abzubüßen, daß sie die Mutter ihrer Kinder ehelichen, und dadurch nach Vorschrift des hier geltenden Römischen Rechtes die letzteren legitimiren, so daß sie rechtmäßige Erben des väterlichen Vermögens werden. In einer Englischen Colonie würde eine solche Heirath gewissermaßen mit Abscheu betrachtet werden. Einst neckte ich einen Barbadier mit einem ohne Zweifel sehr seltnen Vorfalle, der damals ein allgemeiner Gegenstand des Gespräches auf der Insel war, nämlich mit einem entdeckten Liebesverständnisse zwischen einem jungen Frauenzimmer von Stande und einem Sclaven ihres Vaters, einem erst kürzlich eingeführten Africanischen Neger. Sehr ernst erwiderte Jener: die Engländerinnen machten es doch viel ärger; sie gingen so weit, daß sie sogar farbige Männer heiratheten. An gesetzliche eheliche Verbindungen unter Farbigen wird in den Englischen Colonien selten gedacht, weit häufiger aber in den Französischen. Ein Englischer Neger hat oft 2 bis 3 Weiber, ein Umstand, der mir unter den Franzosen nie vorgekommen ist. Oft hätte ich hier junge Mulattenmädchen erklären, sie würden nie Concubinen werden, sondern irgend einen braven fleißigen Mann ihrer Farbe heirathen. Dieß zeigt wenigstens richtige Begriffe von Recht und Unrecht, die von ihrer religiöseren Erziehung herrühren, obgleich ihre guten Vorsätze häufig in Vergessenheit gerathen, vorzugänglich, wenn ihnen Geschmeide und schöne Kleider als Lockungen dargeboten werden.

Ich schließe meine Beobachtungen über die Sclaverei mit der Bemerkung, daß das System, mögen die Sclaven gut oder schlecht behandelt werden, wesentlich schlecht ist. St. Domingo hat ein furchtbares Beispiel gegeben, und die abgeschmackte Meinung, als ob die Neger einen untergeordneten Rang auf der Stufenleiter der Schöpfung einnähmen, practisch widerlegt. – Faulheit und Stolz sind die steten Begleiter der Sclaverei. Der arme Creole ist oft gewerbfleißig; er bebaut sein kleines Grundeigenthum, bedient sich der Beihülfe seiner Kinder, und seine kleine Hütte ist ein Bild der Reinlichkeit; kluge Sparsamkeit lehrt ihn, zu Zeiten Etwas zurückzulegen, bis er so viel gesammelt hat, um einen Sclaven zu kaufen; dann fahre hin Gewerbfleiß! Eltern und Kinder mögen nun nicht mehr arbeiten; das Ganze wird dem Sclaven überlassen, und mit der gewohnten Industrie des Colonisten verschwindet nur zu bald sein Vermögen.

Aber der schlechteste und scheußlichste Zug der Sclaverei ist die durch sie hervorgebrachte moralische Verderbtheit. Die Namen jener Männer, die durch Beharrlichkeit in ungemeinen Kämpfen von unserem Vaterlande den Vorwurf, mit menschlichen Wesen Handel zu treiben, abgewälzt haben, werden von der Nachwelt mit Ruhm genannt werden. Aber befremdend ist es, daß, während seit zwanzig Jahren die Nation sich eifrig für Negersclaven verwandte, deren Zustand sehr oft durch die Sclaverei verbessert wurde, keine

Jeder in Bewegung gesetzt, keine eindringliche Rede erhebet ward, zu Gunsten jener Tausende christlicher Sclaven, die geboren in freien, civilisirten Ländern und großentheils auferzogen im Schooße des Ueberflußes jetzt in Africa schmachten in schrecklicher Gefangenschaft, als Sclaven wilder, grausamer mohamedanischer Tyrannen.

Bevor ich von dieser Insel Abschied nehme, wo ich nach Beendigung der Unruhen noch viele angenehme Monate zubrachte, will ich zwei Vorfälle erwähnen, die keinem Europäer unerheblich scheinen werden. Der erste war eine Erderschütterung. Sie erfolgte Abends um 8 Uhr. Ich hatte an dem Tage sehr an einer Magenbeschwerde gelitten und war Abends genöthigt, mich in einem an das Hospital anstoßenden Zimmer niederzulegen, wo ich mein gewöhnliches Nachtlager hatte. Ich war eben in tiefem Schlafe, aus dem ich nur dadurch erwachte, daß ich aus der Schiffshangmatte, worauf ich nachlässig hingestreckt lag, herausgeworfen ward, und auf den Boden fiel. Ich war betroffen, mich im Finstern zu befinden, und sah mein Licht fast ausgelöscht auf der Erde liegen. Ueber meinem Haupte vernahm ich ein furchtbares Getöse, und es dünkte mich, als ob alle Balken des Hauses krachten. Als ich versuchte, aufzustehen, ward ich aufs Neue zu Boden geworfen, und die Hangmatte mit großer Heftigkeit mir entgegen geschwungen. Ich ergriff mein Licht und suchte mit den Händen den Weg ins Hospital, wo ich Alles in Verwirrung fand. Alle Kranken, die sich bewegen konnten, waren zum Hause hinausgelaufen, ohne die Ursache ihres Schreckens zu begreifen. Die in den Betten zurückgebliebenen meinten, der Teufel habe ihnen einen Besuch gemacht. Ich war in dieser Zeit wieder in so weit zur Besinnung gekommen, daß ich über die Ursache dieses Phänomens eine Idee fassen konnte. Ohngeachtet einer der Kranken, dem vor zwei Tagen ein Bein abgenommen war, hoch und fest versicherte, er habe Lucifern in der Thür stehen sehen, bestand ich darauf, daß die Flüchtlinge zurückkehren sollten, indem ich sie versicherte, daß die Gefahr nun vorüber sei. Ich verlangte mein Pferd und besuchte das Convalescentenhospital, wo ich fand, daß eine der steinernen Seitenmauern des Gebäudes von oben bis unten geborsten war; — ein Umstand, der den Bewohnern die Ursache des Getöses offenbart hatte. Von hieraus begab ich mich in das Gouvernementshaus. Hier hatte die Natur jenes plötzlichen Ereignisses, zusammengenommen mit einigen dadurch verursachten lächerlichen Zufällen, den nämlichen Eindruck auf die Gemüther der dort postirten 30 bis 40 Marinesoldaten und Matrosen gemacht, als auf die Kranken im großen Hospital. Matrosen sind die abergläubigsten Menschen in der Welt; sie sehen und erwarten allenthalben übernatürliche Erscheinungen. Das Gouvernementshaus war ein großes und antikes Gebäude, nicht unähnlich einer Gespensterwohnung. Des Gouverneurs Bootsmannschaft schlief in ihren Hangmatten auf einer Dachstube, deren Fußboden so verfault und durchlöchert war, daß man darauf mit größter Vorsicht gehen mußte. Der Schwerste unter ihnen ward durch die Erschütterung aus der Hangmatte auf den verfaulten Fußboden und durch denselben hin in das darunter befindliche Zimmer auf einen Tisch gefallen, um welchen einige seiner Cameraden herumsaßen. Der furchtbare Aufruhr in der Luft, das Krachen der Balken über ihren Häuptern und rund um sie her, insbesondere aber die plötzliche Erscheinung ihres Cameraden, der ihnen mit einer Donnerstimme: „der Teufel! der Teufel!" entgegenrief, jagte die ganze Gesellschaft in die Flucht, und die Verwirrung im ganzen Hause war unbeschreiblich.

Die zweite Naturerscheinung war von einer Beschaffenheit, ganz geeignet, jene Eindrücke zu erregen, welche die furchtbarste Schreckensscene nur hervorzubringen vermag. An einem Sonntag Abend, als ich zurückkehrend von einem Besuche auf dem Lande, allein langsam am Strande entlang ritt, während kein Lüftchen sich regte, und die Sonne eben unter den Horizont hinabgesunken war, bemerkte ich, daß die See anschwoll, und vernahm den furchtbaren hohlen Ton der am Strande sich brechenden Wogen. Versunken in Nachdenken über diese Erscheinung, ward ich eingeholt von einem ältlichen, mir unbekannten Eingebornen. Nachdem er mich höflich gegrüßt und ich meine Freude an dem schönen ruhigen Abend geäußert hatte, antwortete er: „wollte Gott, er wäre erst glücklich vorübergegangen!" Ich konnte mich der Verwunderung über diesen Ausruf nicht enthalten, wozu ich keine Veranlassung sah. „Dreißig Jahre habe ich hier und in Guadeloupe gelebt, erwiderte jener, und nicht leicht täuschen mich diese Vorzeichen. Sehen Sie doch jenes furchtbare, mit jedem Augenblicke zunehmende Anschwellen der See, ohne daß sich ein Lüftchen regt, (wirklich nöthigte es uns gleich nachher, den Strand zu verlassen). Sehen Sie den

Souffrier! Welch eine Anhäufung von Dampf!" Auch diese bestätigte sich durch die Ansicht. Dann machte er mir bemerklich, daß, anstatt sich nach Sonnenuntergang zur Ruhe zu begeben, das Hornvieh auf dem Felde umherlief und die Vögel herumflatterten, als ob sie irgend ein Unglück fürchteten, und daß die Sterne, welche eben zu blinken begannen, sich dem Auge weit größer als gewöhnlich darstellten; auch hörte man von Zeit zu Zeit ein Getöse, ähnlich dem Brausen des Windes, wiewohl noch immer kein Lüftchen sich regte.

Bald verließ mich mein Begleiter, um auf die Ergebnisse jener Naturerscheinungen Vorbereitungen zu treffen. Spät Abends traf ich gedankenvoll im Hauptquartier ein; hier fand ich jedoch eine so fröhliche Gesellschaft versammelt, daß ich schnell alle finstere Vorahndungen aus meinem Gemüthe entfernte. Wir gingen (nach hiesiger Weise zu rechnen) spät zur Ruhe, ohne weiter an die Besorgnisse, die der Creole erregt hatte, zu denken.

Aber noch war ich nicht eingeschlafen, als Morgens um 1 Uhr ein Orcan plötzlich wie ein Donnerschlag über uns ausbrach. Sehr merkbar ward das Haus erschüttert, und in einigen Minuten war das ganze Dach weggerissen, so, daß nichts als der stürmische Wolkenhimmel über meinem Haupte blieb. Nachdem ich mich schnell erhoben und angekleidet hatte, war es meine erste Sorge, den Zustand des Hospitals zu vergewissern; als ich aber die Thür öffnen wollte, blies der Sturm mit solcher Macht die Treppe herauf, daß alle meine Kräfte nicht hinreichten, sie zu öffnen. Glücklicherweise bewirkte nach einigen Minuten der Zufall, was Kraft nicht vermochte; sie öffnete sich von selbst mit der größten Heftigkeit, so daß jetzt keine Kraft sie wieder zuzuschließen vermochte. Beim Eintritt in das Hospital fand ich sämmtliche Fensterläden nebst einem Theil des Daches weggerissen. Einige Patienten, die sich beim ersten Sturme ins Freie wagten, wurden gleich einem Blättchen Papier fortgeweht und konnten nur mit der größten Schwierigkeit zurückkehren. Zugleich war das Meer, welches die Mauern des Hospitals bespülte, bis auf den kleinen viereckigen Platz vor dem Gebäude und ziemlich weit auf die Straße ausgetreten.

Furcht und Schrecken herrschte unter den Einwohnern; niemand wußte, wohin er flüchten sollte, da im Freien die Gefahr eben so groß schien, als im Hause. Hier war der Einsturz des Gebäudes zu fürchten; dort konnte man dem Sturme nur auf Händen und Füßen kriechend widerstehen; und die Menge der umhergewehten Gegenstände, z. B. Fensterläden, Dachschindeln, Baumzweige und dergl., verbunden mit dem furchtbaren Tosen des Sturmes und der Wogen, welches in der Entfernung eines Yards keine Menschenstimme hörbar machte, — dieß Alles bildete eine Schreckensscene, wie ich keine sah. Es herrschte die dichteste Finsterniß, so daß keiner dem andern Hülfe leisten konnte; und obgleich häufige Blitzstrahlen das tiefe Dunkel durchdrangen, so waren sie doch nicht hinreichend, auch nur ein augenblickliches Licht auf die umgebenden Gegenstände zu werfen.

Während ich im Finstern tappend meinen Weg durch

das Hospital suchte, um diejenigen Kranken aufzufinden, denen der Schrecken am schädlichsten seyn konnte, und ihnen Vertrauen einzuflößen, und Herzstärkungen zu verordnen, ließ sich an einem Ende des Gebäudes ein schreckliches Krachen vernehmen, worauf ein unaufhörliches, unverkennbar durch irgend eine große Masse hervorgebrachtes Stoßen folgte. Ich eilte, diese neue Gefahr zu erforschen, und fand, daß das Meer durch eine Oeffnung in der steinernen Mauer des Hospitalhofes eingedrungen war, und, die Zimmer des Erdgeschosses überströmend, Dielen und andere Trümmer mit sich führte, woran man erkennen konnte, daß ein Schiffswrack sich dort festgesetzt hatte. Ich ließ durch einige der muthvollsten Convalescenten beim Laternenschein untersuchen, ob irgend ein menschliches Wesen im Bereich unserer Hülfsleistung sei. Wir fanden, daß ein Schiff ans Land getrieben, gegen die Hospitalmauer geworfen und zertrümmert sei, daß aber kein Mensch zu sehen oder zu hören war; auch hatten wir das Vergnügen, am andern Morgen zu vernehmen, daß der gescheiterte Schooner weder Ladung noch Passagiere am Bord gehabt hatte. Diese Schreckensscenen währten vier Stunden lang, mit immer gleicher Kraft; endlich ließ der Sturm nach und das Tageslicht enthüllte uns den Umfang des durch denselben angerichteten Unheils.

Dieser Orcan ward von den Einwohnern sowohl in Hinsicht seiner Heftigkeit und Dauer, als in Ansehung des angerichteten Schadens für einen der mäßigsten gehalten, die man erwarten könne. Die wenigen kleinen Fahrzeuge, die auf der Rhede lagen, wurden von ihren Ankern losgerissen und scheiterten fast sämmtlich; viele Häuser wurden abgedeckt, viele Bäume mit der Wurzel ausgerissen und aller ihrer Blätter beraubt, so daß die Insel am Morgen ein ganz verödetes Ansehen hatte. Der Strand war durch die Heftigkeit der Wellenschläge wunderbar umgestaltet und mit einer unermeßlichen Menge Meergras bedeckt. An der Ostseite der Insel war ein Schooner mit eilf Mann von der See über einen gefährlichen Felsriff, etwa eine Meile von der Küste, weggehoben und in der Folge wohlbehalten hoch an den Strand hinaufgeworfen, zum großen Erstaunen der Mannschaft, die sich bei Tagesanbruch zwischen Bäumen fand. Eine Kriegsbrigg, befehligt von einem Lieutenant, Tages zuvor abgesegelt von Marie Galante, war windwärts von der Insel mit der gesammten Mannschaft untergegangen, und nie ward eine Spur des Wracks wiedergefunden.

Bald nach diesem Ereigniß verließ ich die Insel. Ein Französisches Geschwader, unkundig unserer Besitznahme von Martinique, segelte heran, wandte sich aber, als es im Angesichte der Insel seinen Irrthum gewahrte, gegen die Inselgruppe Les Saints und bedrohte uns im Vorbeisegeln; da aber jene Inselgruppe den einzigen ihnen noch übrigen Hafen darbot (die Insel Guadeloupe besitzt keinen), so beschlossen sie, sich denselben bald möglichst zu Nutze zu machen. Jene kleine Gruppe von Felseninseln gewährt einen sehr sichern Hafen, dessen Befestigungswerke so stark sind, daß man sie das Westindische Gibraltar nennt. Er hat zwei Einfahrten, welche den Schiffen das Entkommen sehr erleichtern. Bald erschien das Englische Geschwader unter Sir Alexander Cochrane, welches unverzüglich die feindlichen Schiffe blokirte. Ihnen in den Hafen nachzusegeln, war unthunlich; um sie herauszutreiben, blieb also nur das Mittel übrig, eine Truppenmacht ans Land zu setzen und die Festungswerke anzugreifen. Da die Französische Besatzung nicht stark war, ward dieß beschlossen. Es ward einige Mannschaft von Dominica und von unsrer Besatzung herbeigeholt, welche letztere ich begleitete, und Nachts eine Landung auf einer Seite der Inseln unternommen, wo sie der Feind, dessen ganze Aufmerksamkeit auf die Flotte gerichtet war, keinesweges erwartete. Die Ausschiffung war vor Tagesanbruch vollendet, und die Truppen setzten sich mit vieler Unerschrockenheit in den Besitz einer der Anhöhen. Die unerwartete Erscheinung der Brittischen Flagge auf einem der Felsengipfel setzte die Feinde in Erstaunen, so daß sie nöthig fanden, ihre Landmacht zu concentriren. Die Englischen Matrosen waren sehr geschäftig, einige schwere Kanonen ans Land zu bringen, um eine Batterie zu errichten, welche das Französische Geschwader beschießen sollte, und die Truppen fuhren fort, einen Posten nach dem andern zu besetzen. Diese Inseln bestehen aus hohen Pics, von denen einige durch Bergflächen oder niedrigere Bergrücken verbunden, andere aber durch die See gänzlich getrennt sind. Auf den Gipfeln der höchsten Pics sind starke Festungswerke angelegt. Der höchste unter allen ist der Mount-Russell, so benannt von einem Brittischen Admiral dieses Namens, dem es zuerst gelang, Kanonen hinaufzuschaffen. Er scheint fast unzugänglich zu seyn;

so daß Wenige kühn genug seyn möchten, die Ersteigung desselben zu unternehmen.

Immittelst concentrirten die Franzosen ihre Truppenmacht in der Citadelle und einem andern starken Fort auf einer Insel, welche die untere Einfahrt beherrschte. Der Befehlshaber ihres Geschwaders sah voraus, daß er in der Nacht durch die Engländer von den Höhen herab bombardirt werden würde, und beschloß, sich durch die Flucht in Sicherheit zu setzen, welches er Abends um 8 Uhr auf eine sehr geschickte Weise bewerkstelligte. Seine Bewegungen wurden von unsrer Flotte nicht bemerkt, obwohl wir am Lande solche deutlich wahrnehmen konnten. Es scheint seltsam, daß ein Ereigniß, welches jeder von uns erwartete, uns befremden oder in Verwirrung setzen konnte; aber dennoch war es der Fall. Der Französische Befehlshaber segelte dicht neben dem Hintertheile des Englischen Admiralsschiffes vorbei, von wo aus er von dem Admiral in Person, der das feindliche Schiff für ein Englisches Kriegsschiff von 74 Kanonen hielt, angerufen ward. Eine volle Lage, die ihm der Feind gab, riß ihn aus dem Irrthum, und er erhielt eine zweite, bevor unsere Leute Zeit hatten, sich von ihrem Erstaunen zu erholen. Bevor die Flotte die Anker lichten konnte, waren die Franzosen ihnen entkommen. Das feindliche Geschwader bestand aus drei Linienschiffen und zwei Fregatten; die beiden letzteren nebst einem der Linienschiffe wurden in der Folge genommen; die beiden andern entkamen glücklich nach Cherbourg, wo sie bis ans Ende des Krieges blockirt blieben.

Da die Flotte abgesegelt war, und die Engländer auf den Inseln festen Fuß hatten, blieb der französischen Besatzung nichts übrig als durch unsere Kanonen oder durch unvermeidliche Hungersnoth, insbesondre aber durch Wassermangel aus ihren Festungswerken vertrieben zu werden. Sie entschlossen sich daher zur Capitulation, und nach drei Tagen waren wir im Besitz aller ihrer Werke, die nach früheren Befehlen unverzüglich in die Luft gesprengt wurden. Mit einer starken, wohl verproviantirten Besatzung hätten sie sich gegen einen überlegenen Feind lange halten können. Diese Inseln sind spärlich bewohnt; die Wohnhäuser haben eine so abgeschiedne Lage, daß sie Einsiedeleien gleichen. Es ist hier eine einzige Caffeepflanzung, deren Erzeugnisse jedoch für die besten dieser Gattung in ganz Westindien gehalten werden. Es ging daher ein Theil derselben regelmäßig nach Frankreich zum Verbrauch der Familie Napoleons, so wie vormals für die Bourbons.

Ich blieb vier bis sechs Wochen auf diesen Inseln, da die Unternehmung gegen Guadeloupe in Kurzem Statt finden sollte, und ich zum Dienst bei den dazu bestimmten Truppen ausgestellt war. Sie waren auf Barbados zusammengezogen und trafen im Januar 1810 unter dem Commando Sir Georg Beckwith's hier ein, wo sie nur wenige Tage weilten, um die nöthigen Einrichtungen zu treffen und sich über die Angriffsweise zu verabreden. Die militärischen Einzelnheiten dieser Expedition sind aus öffentlichen Nachrichten hinreichend bekannt.

Guadeloupe ist die größte unter allen windwärts gelegenen Inseln, und wird durch den kleinen Fluß Rivière salée in zwei Theile gesondert. Der nördliche, Grande-Terre, enthält an der Ostseite die Stadt Point-à-Pitre eine der größten in Westindien. In commercieller Hinsicht scheint sie die wichtigste unter allen Französischen Colonialstädten zu seyn. Sie liegt auf einer ungesunden Ebne, ist jedoch sehr bevölkert und von reichen Kaufleuten bewohnt. Durch den südlichen Theil der Insel, Basse-Terre, läuft eine hohe Bergkette von Norden nach Süden. Die Hauptstadt gleiches Namens ist sehr groß; sie liegt am Fuße dieser Bergkette auf einer schmalen Erdzunge an der Westseite der Insel; sie ist wohlgebaut und hat in ihrem Mittelpuncte einen trefflichen, von hohen Bäumen beschatteten Spazierplatz, wo die angesehensten Einwohner, insbesondre Abends, in großer Anzahl lustwandelten. Nie fand ich in irgend einer Stadt so viele Gasthöfe und Caffeehäuser; es geht in denselben weit anständiger zu, als in denen zu Barbados; auch sind die Eigenthümer nicht, wie auf den meisten Englischen Inseln, Mulatten. Sie werden häufig besucht von den Einwohnern, die sich hier der Unterhaltung wegen versammeln; kurz es sind in ganz Westindien die einzigen Caffeehäuser, die ich den Englischen oder Französischen ähnlich fand.

Die Stadt Basse-Terre ist etwa zwei Meilen lang, aber nicht so breit, da sich ein steiler überhangender Berg unmittelbar hinter ihr erhebt. Die Straßen werden sehr verannehmlicht durch ein schönes, klares und frisches Wasser, welches, von den Gebirgen herabströmend, in Candlet einen Fuß tief durch alle Gassen geleitet ist und sie in großer Fülle rasch durchströmt. Einige Querstraßen sind so steil, daß man sie nicht zu Wagen passiren kann. Es sind jedoch viele, ins Innere des Landes führende Kunststraßen angelegt, die aber wegen der bergigten Umgegend ziemlich schlecht sind. Um desto schöner sind die Aussichten, die sie in allen Richtungen darbieten.

Die größte Merkwürdigkeit in der Umgebung der Stadt ist der schon obenerwähnte Vulcan, bekannt unter dem Namen: la Souffrier (der Schwefelberg), der über die Stadt hervorzuspringen scheint, und den höchsten Punct der Bergkette bildet. Der Dampf steigt an drei bis vier, etwas von einander entfernten Stellen hervor; ein eigentlicher Hauptcrater ist nicht vorhanden. Eine wirkliche Eruption hat, soviel ich erfahren konnte, so lange die Insel im Besitz der Europäer ist, nie Statt gefunden. Doch hatte ich keine Gelegenheit, einen Naturkundigen darüber zu befragen; und die Masse der Stadtbewohner kümmert sich um einen Vulcan, der sie einst insgesammt zu verschlingen droht, eben so wenig, als ob ein Krähennest über ihren Häuptern hinge.

Von diesem Berge herab senkt sich eine weite Schlucht, welche gegen die See hin, zwischen der Stadt Basse-Terre und der südlichen Spitze der Insel ihre Mündung hat, aus welcher der Wind, wie aus einer Röhre, mit solcher Heftigkeit hervorbläst, daß die nahe an der Küste vorbeisegelnden kleinern Fahrzeuge sehr dadurch gefährdet werden und nicht selten umschlagen. Wir fühlten diesen Windstrom, als wir in einer Entfernung von drei Meilen in einer Fregatte die Küste vorbeisegelten.

Der Oberbefehlshaber hatte mich bestimmt, etwa 600 Kriegsgefangene, die größtentheils im Hospital gewesen waren, und nicht gleich nach der Einnahme der Insel mit der großen Masse der Kriegsgefangenen abgeschickt werden konnten, nach England zu führen. Es wurden zu diesem Zwecke zwei Transportschiffe ausgerüstet und mit allen, für sie erforderlichen Bedürfnissen versehen. Es waren fast Alle junge Conscribirte, mehrentheils eingetroffen mit dem letzten Geschwader, welchem es gelang, mehr als tausend Mann zur Vertheidigung der Colonien, vor Ankunft der Englischen Flotte, zu Basse-Terre ans Land zu setzen. Diese jungen Leute, oder vielmehr Knaben, hatten sehr an der Ruhr gelitten, einer Krankheit, die sie mit an Bord brachten. Kläglich war der Zustand dieser armen Menschen. Bedeckt mit Ungeziefer, abgezehrt durch Krankheit, und von den alten Soldaten betrügerischerweise ihrer Kleidungsstücke beraubt, deren unmittelbaren Mangel sie nicht fühlten, und daher vergaßen, daß ihre Fahrt sie in ein kälteres Clima zurückbringe. Viele dieser Jünglinge überließen sich der Verzweiflung und machten keine Anstrengungen, ihr unglückliches Schicksal zu bekämpfen. Die Folge davon war, daß sie in großer Anzahl im Hospital starben, und daß diejenigen, die als genesen von der Ruhr, nach Europa eingeschifft wurden, sogleich Rückfälle bekamen. Auf dem Transportschiffe, wo ich mich selbst befand, und welches in Allem 300 Mann mit 19 Officieren enthielt, ließ ich 60 der gefährlichsten Kranken mit einschiffen. So zusammengedrängt, hatten sie wenig Aussicht auf Besserung.

Im Junius verließen wir Basse-Terre, und am Ende des Monats nahmen wir Abschied von den Westindischen Inseln. Nach einigen Tagen nahmen wir wahr, daß wir uns in jenem weiten Strudel befanden, bekannt unter dem Namen des Golf-Stroms. Die Strömung unter der großen Aequinoctial-Linie geht unwandelbar westwärts, zwischen dem Südamericanischen Festlande und den Westindischen Inseln hindurch, verändert dann ihre Richtung nach der Gestaltung jenes Festlandes und wird gegen Nordwesten gedrängt. Hiernächst geht sie in den Meerbusen von Mexico; und da sie hier gehindert wird, weiter gegen Westen zu strömen, wendet sie sich in diesem unermeßlichen Golf rund umher, nimmt dann ihren Lauf nordwärts durch den Golf von Florida, und ergießt sich wieder in den großen Ocean. Hier nimmt sie einen nördlichen Lauf, der im Fortströmen immer mehr und mehr östlich wird, bis er sich bei den Azoren unmerklich verliert. Die Spur dieser Strömung wird in ihrem ganzen Laufe bezeichnet durch ungeheure Massen von Meergras, die sie von den Küsten von Mexico mit sich führt, die sich in langen Reihen, soweit das Auge reicht, ausdehnen und auf der Oberfläche des Wassers hervorragenden Felsbänken ähnlich sehen. Diese Strömung ist den heimwärts segelnden Schiffen von großem Nutzen, da sie mit dem Ziele ihrer Fahrt gleiche Richtung hat.

In der Breite von etwa 44 bis 45 Graden begann die Luft plötzlich ungemein kalt zu werden, welches so schnell zunahm, daß die Seeleute nach einer Eisinsel auszusehen begannen. Am nächsten Tage nahm die Kälte noch stärker zu und wirklich vernahmen wir am folgenden Tage, daß zwei der hintersten Schiffe der Convoi auf einer großen Eismasse festgerathen waren und sich nicht wieder losmachen konnten. Sie hatten dadurch so großen Schaden gelitten, daß ihre Mannschaften sie verließen, die von einem dritten Schiffe, welches mit genauer Noth dem nämlichen Schicksale entging, aufgenommen wurden. Vierzehn Tage lang fühlte man die durch diese Eismassen verursachte Kälte, deren Folgen funfzehn Kriegsgefangnen, sämmtlich, außer einem Officier, Conscribirten unter achtzehn Jahren, das Leben kostete.

Besonders traurig war das Schicksal eines dieser jungen Leute. Seine älteren Cameraden hatten ihm seine sämmtlichen Kleidungsstücke und Bettgeräthschaften weggenommen und überdieß sein Uebelbefinden verheimlicht. Vielleicht wäre es nie bekannt geworden, hätte ich nicht zufälligerweise auf einer Lagerstätte einen nackten, fast bis zum Skelett abgezehrten Knaben wahrgenommen, den ich anfangs für todt hielt, bei näherer Untersuchung aber noch lebend, wiewohl ohne Hoffnung an der Ruhr erkrankt fand. Mich an die Menschlichkeit seiner Cameraden zu wenden, die ihn seiner Kleidungsstücke beraubt hatten, würde vergebens gewesen seyn: Ich wandte mich daher an die Französischen Officiere seines Regiments, aber diese wollten es nicht wagen, irgend eine Autorität auszuüben. Ich konnte keinen der Kriegsgefangnen vermögen, den Kranken, der mitten in seinem Unflath auf der letzten Stufe der Ruhr ohne alle Bedeckung daher lag, zu pflegen, selbst nicht für eine Belohnung. Um den Französischen Officieren ein gutes Beispiel zu geben, holte ich aus meinem Koffer einige Kleidungsstücke herbei; dieß half, und der unglückliche junge Mensch war bald mit der nöthigen Bedeckung versehen. Seinen Tischgenossen bot ich eine Erhöhung ihrer täglichen Grogportion an, wenn sie den Kranken pflegen wollten, allein sie verweigerten es. Am folgenden Tage ließ ich ihnen ihre ganze Portion vorenthalten und bot sie denjenigen vier Personen aus der Schiffsmannschaft an, welche wechselnd die Pflege des Kranken übernehmen würden. Dieß hatte die gewünschte Wirkung; es fanden sich vier Mann, die am Tage sich ihrer Pflicht sehr gut entledigten; auch hatte ich stets ein Auge auf sie. Daß dieß auch in der Nacht der Fall gewesen ist, dafür kann ich freilich nicht bürgen. Soviel ist gewiß, daß frühmorgens der Kranke vermißt ward und man nie wieder etwas von ihm gehört hat. Von den Schildwachen auf dem Verdeck hörte ich, daß um 1 Uhr Morgens drei bis vier Menschen, einen ganz nackten kranken Mann herausgetragen und auf das gemeinschaftliche Privet gebracht hätten, daß die Leute einzeln zurückgekehrt wären, ohne daß man jedoch wahrgenommen habe, ob sie den Kranken wieder mit unter das Verdeck genommen hätten. Eine der Schildwachen am Schiffsgange versicherte, er habe etwas ins Wasser fallen hören, auch gleich nachher einen Gegenstand neben dem Schiffe hertreiben sehen, ohne unterscheiden zu können, was es sei. Die Schildwache fügte hinzu, die deßhalb befragten Kriegsgefangnen hätten erwidert: ein Gefäß, welches sie hätten ausleeren wollen, sei ins Wasser gefallen.

Die Identität dieser Personen konnte nicht ausgemittelt werden. Nach diesem Allen zweifle ich nicht, daß die Cameraden des jungen Mannes sich des grausamen Verbrechens schuldig gemacht haben, ihren kranken Landsmann über Bord zu werfen. In der Folge gab ich dem Officier, welchem ich die meiner Aufsicht übertragnen Personen abliferte, ein Namenverzeichniß der muthmaßlichen Thäter nebst einer genauen Nachricht von dieser ganzen Angelegenheit.

In der Mitte des Julius trafen wir in Plymouth ein und zwar in einem kläglichen Gesundheitszustande, so daß wir die Quarantaine-Flagge aufziehen mußten. Nie werde ich den Eindruck vergessen, welchen der erste Anblick der heimischen Gegenden auf mich machte, nachdem ich so lange an die üppigen Landschaften Westindiens gewöhnt war. Der reizende Landsitz Mount-Edgecumbe, in dessen Nähe wir vor Anker gingen, schien mir eine Einöde zu seyn, und diejenigen unter den kriegsgefangnen Französischen Officieren, die in Westindien geboren und erzogen waren, äußerten großes Erstaunen und Mißfallen über die dürftige Ansicht des Landes. In der Folge wurden wir nach Portsmouth beordert, wo wir unsre Kriegsgefangnen im Depot zu Porchester-Castle ablieferten.

Ich konnte nicht umhin, auf dem ganzen Wege von Portsmouth nach London beim Anblicke der Umgegenden mit den Französischen Officieren gleiche Eindrücke zu fühlen; allein sie wurden reichlich vergütet durch die belebten Gesichtszüge, und die geistvollen Mienen der Einwohner, insbesondere der Frauenzimmer, die einen so glänzenden Contrast bildeten gegen die schwarzen und gelben Gesichter, die so lange mein gewohnter Anblick gewesen waren.